Paul Bahlmann

Die Erneuerer des antiken Dramas und ihre ersten dramatischen Versuche

1314-1478

Paul Bahlmann

Die Erneuerer des antiken Dramas und ihre ersten dramatischen Versuche
1314-1478

ISBN/EAN: 9783743438545

Hergestellt in Europa, USA, Kanada, Australien, Japan

Cover: Foto ©ninafisch / pixelio.de

Manufactured and distributed by brebook publishing software (www.brebook.com)

Paul Bahlmann

Die Erneuerer des antiken Dramas und ihre ersten dramatischen Versuche

Die
Erneuerer des antiken Dramas

und ihre

ersten dramatischen Versuche.

1314 -- 1478.

Eine bio-bibliographische Darstellung

der

Anfänge der modernen Dramendichtung

von

Dr. P. Bahlmann,

Bibliothekar an der Königl. Paulinischen Bibliothek zu Münster i. W.

Münster.
Druck und Verlag der Regensbergschen Buchhandlung.
1896.

Nachdem Livius Andronicus im Jahre 240 v. Chr. die erste aus dem Griechischen übersetzte Tragödie auf die römische Bühne gebracht, begann die im Lande der Hellenen nach einer Zeit höchster Blüte allmählich in Verfall geratene dramatische Dichtung in den alten Römern neue Pfleger zu finden, die nach dem Muster der griechischen Vorbilder zahlreiche Dramen in ihrer Sprache verfassten, von denen jedoch — ausser einigen dürftigen Fragmenten — nur erhalten und deshalb auch allein hier zu nennen sind:

a) 20 Komödien des **Titus Maccius Plautus** († 184 v. Chr.)[1])

   1. Amphitruo. — 2. Asinaria (Das Eselspiel). — 3. Aulularia s. Querolus (Der Goldtopf oder Der Geizhals). — 4. Bacchides. — 5. Captivi (Die Kriegsgefangenen). — 6. Casina (Die Losenden). — 7. Cistellaria (Das Kästchen). — 8. Curculio (Parasit Kornwurm oder Die Entdeckung). — 9. Epidicus (Der Zänker oder Die drei Sklavinnen). — 10. Menaechmi (Die Zwillinge). — 11. Mercator (Der Kaufmann oder Die Seereise). — 12. Miles gloriosus (Der prahlerische Krieger oder Der Bramarbas). — 13. Mostellaria (Das Hausgespenst). — 14. Persa (Der Perser). — 15. Poenulus (Die Familie aus Karthago). — 16. Pseudolus. — 17. Rudens (Der Schiffbruch). — 18. Stichus. — 19. Trinummus (Der Schatz). — 20. Truculentus (Der Grobian oder Courtisanenstreiche).

---

[1]) Vgl. K. H. Weise, Die Komödien des Plautus. Quedlinburg 1866; K. v. Reinhardstoettner, Plautus. Leipzig 1886; M. Schanz, Gesch. der röm. Litteratur. Teil I. München 1890 pag. 33—53.

Erster Druck: Plauti Comoediae ex recensione Georgii (Merulae) Alexandrini. Venetiis, Joa. de Colonia Agr. & Vindelinus de Spira, 1472. 246 Bll. 2°.

Die Komödie „Vidularia (Das Kofferstück)" ging erst im Mittelalter verloren; nur einige Bruchstücke sind bekannt.

b) 6 Komödien des Publius Terentius Afer († 159 v. Chr.).¹)
1. Adelphoe (Die Brüder). — 2. Andria (Das Mädchen von Andros). — 3. Eunuchus (Der Verschnittene). — 4. Heautontimorumenos (Der Selbstpeiniger). — 5. Hecyra (Die Schwiegermutter). — 6. Phormio.

c) 9 (10) Tragödien des Lucius Annaeus Seneca († 65 n. Chr.).²)
1. Agamemnon. — 2. Hercules furens (Der rasende Herkules). — 3. Hercules Oetaeus (Herkules auf dem Oeta)³). — 4. Medea. — 5. Oedipus. — 6. Phaedra s. Hippolytus. — 7. Phoenissae s. Thebais (Die Phönizierinnen). — 8. Thyestes. — 9. Troades s. Hecuba (Die Trojanerinnen).

Die gleichfalls dem Seneca zugeschriebene und unter seine Tragödien aufgenommene „Octavia" kann nicht von ihm herrühren, da darin der erst i. J. 68 erfolgte Sturz Nero's erwähnt wird.

In der Kaiserzeit wandte sich aber das Interesse des Publikums immer mehr rein mimischen Darstellungen zu, und schon im vierten Jahrhundert der christlichen Zeitrechnung sind Aufführungen nicht nur des Terenz, sondern auch des Plautus nicht mehr nachweisbar, während Seneca's „Schauerstücke" überhaupt nicht zur theatralischen Verkörperung, sondern nur zu deklamatorischen Vorträgen bestimmt gewesen zu sein scheinen. Doch obschon von der Bühne verdrängt, blieben die römischen Dramen nicht gleich den griechischen dem Mittelalter völlig unbekannt; erst im 10. Jahrhundert gerieten die Tragödien Seneca's, die zuerst wieder der Paduaner Richter Lovato de' Lovati (Lupatus, † 7. März 1309) eingehend studierte⁴), und noch später zwölf Komödien des Plautus⁵), die 1429 wieder aufgefunden und vom

---

¹) Vgl. Schanz l. c. I pag. 61—72.
Erster Druck: Terentii Comoediarum liber. s. l., typ. et a. (Argentorati, J. Mentelin, ca. 1470). 100 Bll. 2°.
²) Vgl. Schanz l. c. II, 1892, pag. 255—274.
Erster Druck: Senecae Tragoediae. s. l. (Ferrariae), Andr. Gallicus, s. a. (ca. 1483). 174 Bll. 2°.
³) Nur der letzte Teil scheint Seneca nicht anzugehören.
⁴) s. Cloetta II, p. 5—9; Creizenach I, p. 492—495.
⁵) nämlich die in der obigen Zusammenstellung nicht gesperrt gedruckten Komödien.

Kardinal Giordano Orsini erworben wurden[1]), in Vergessenheit. Mit Plautus und Seneca befassten sich allerdings nur wenige Gelehrte; die Komödien des Terenz dagegen wurden sehr viel, auch in den Schulen[2]), gelesen. Nachzuahmen aber versuchte sie — soviel wir wissen — vor dem Wiederaufleben der Wissenschaften einzig und allein[3]) die Gandersheimer Nonne Hrotsvitha († 967), die in ihren in rhytmischer Prosa niedergeschriebenen Komödien[4]) nicht wie Terenz die Laster schlechter Dirnen, sondern die Tugenden heiliger Jungfrauen preisen wollte[5]). Ausser ihnen hat das ganze frühere Mittelalter, das mit der Vorstellung einer antiken Aufführung[6]) auch jedes Verständnis für die Grund-

---

[1]) s. Voigt I, p. 257 ff. — Das im 11. Jahrh. angefertigte Exemplar Orsini's wird in der Vatik. Bibliothek zu Rom (Cod. 3870) aufbewahrt.

[2]) Vgl. u. a. O. Francke, Terenz und die lat. Schulkomödie in Deutschland. Weimar 1877 pag. 3 ff.; M. Herrmann, Terenz in Deutschland bis zum Ausgang des 16. Jahrh. (Mitteilungen der Gesellsch. für deutsche Erz.- und Schulgesch. Jahrg. III. Berlin 1893 pag. 1—28).

[3]) Auch die deutsche Übersetzung von des Terenz Andria, um deren Anfertigung der St. Galler Mönch Notker Labeo (932—1002) gebeten war, ist bisher nicht aufgefunden.

[4]) Dieselben — 1. Abraham; 2. Callimachus; 3. Dulcicius; 4. Gallicanus; 5. Paffnucius; 6. Sapientia — sind zuerst von Konrad Celtes i. J. 1501 herausgegeben

a) Opera Hrosvite . . . nuper a Conrado Celte inventa. [Am Ende:] Impressum Norunbergae Sub privilegio so | dalitis [sic!] Celticae a senatu rhomani Imperii im | petratae [sic!]. Anno Quingentesimo primo supra | Millesimum | . . . 2°. (U. B. Göttingen).

b) — — [Am Ende:] Impressum Norunbergae sub Privilegio So- | dalitatis Celticae a Senatu Rhomani Imperii | impetrato. Anno christi Quingentesimo pri- | mo supra Millesimum [sic!] . . . 2°. (K. B. Berlin; U. B. Göttingen; P. B. Münster; Trübner-Strassburg: 200 ℳ. Harrassowitz-Leipzig: 300 ℳ; Baor-Frankfurt: 500 ℳ).

und auch von J. Bendixen (Gymnas.-Progr. Altona 1850 u. 1853) und O. Piltz (Reclam's Universal-Bibliothek Nr. 2491 f.) ins Deutsche übersetzt worden.

[5]) s. Hrotsvitha's Vorrede. — Eine Aufführung ihrer Stücke hat nicht stattgefunden, wäre aber immerhin möglich gewesen.

[6]) Dargestellt wurden die Komödien des Plautus u. Terenz erst wieder im letzten Viertel des 15. Jahrh. an den Fürstenhöfen von Ferrara (seit 1486) u. Mailand (seit 1491), besonders auch in Rom unter der Regie von

begriffe des Dramas verloren hatte, an Dichtungen, die wenigstens an das Theater des Altertums erinnern wollen, nur die sog. epischen Komödien und Tragödien[1]) — lediglich Nachbildungen des Ovid, Vergil und vielleicht Horaz — aufzuweisen. Eine litterarische Einwirkung des Plautus, Terenz oder Seneca macht sich — von Hrotsvitha abgesehen — zuerst in den dramatischen Versuchen der italienischen Humanisten bemerkbar, welche die Anfänge der modernen Dramendichtung bilden und „als erste Leistungen in diesem Genre, dann aber auch als günstig aufgenommene Erzeugnisse nicht unbegabter, ja rühmlichst bekannter Männer nicht, wie bisher geschehen, übergangen oder nur genannt werden dürfen, am wenigsten in Deutschland, wohin am Ende des Jahrhunderts eben aus Italien[2]) die lateinische Komödie ihren Weg genommen hat."[3]) Neuerdings haben diese Erstlings-Dramen der Humanisten und die Lebensschicksale ihrer Verfasser zwar endlich eine grössere Beachtung gefunden, doch sind die gewonnenen Resultate, die zum Teil neue Forschungen noch berichtigen und ergänzen werden, aus Mangel an einer übersichtlichen Zusammenfassung weiteren Kreisen gänzlich unbekannt geblieben. Diesem Übelstande abzuhelfen, zugleich aber auch den Litterarhistorikern, Philologen und Bibliophilen als willkommenes Nachschlagebuch zu dienen, will die vorliegende Schrift versuchen, in der ausser den zahlreichen später citierten

---

Männern wie Pomponio Leto († 1498) und Angelo Poliziano († 1494). — Vgl. E. Flechsig, Die Dekoration der modernen Bühne in Italien von den Anfängen bis zum Schluss des 16. Jahrh. Teil I. (Inaugural-Diss. der U. Leipzig). Dresden 1894.

[1]) Vgl. meine im Centralblatt f. Bibl. Wesen (Jahrg. X, 1893, pag. 463—470) gegebene Uebersicht und Creizenach I, p. 13—46.

[2]) Von den unten genannten 30 Stücken gehören nur 3 Dialoge (Nr. 25, 28, 29) Deutschland und eine Komödie (Nr. 15) ev. Polen an.

[3]) R. Peiper in seiner nebenstehend citierten Abhandlung aus dem J. 1874 pag. 132.

[4]) Ueber die politischen Verhältnisse Italiens im 14. u. 15. Jahrh. s. H. Leo, Gesch. der ital. Staaten. Th. 3 u. 4. Hamburg 1829/30.

Monographien etc. vornehmlich folgende, gelegentlich nur durch die Namen der Verfasser bezeichnete Werke[1]) benutzt worden sind:

P. Napoli-Signorelli, Storia critica de' teatri antichi e moderni. Tom. III. Napoli 1788.

G. Tiraboschi, Storia della letteratura italiana. Nuova edizione. Tom. XIII—XV. Venezia 1823.[2])

A. Chassang, Des essais dramatiques, imités de l'antiquité au 14. et au 15. siècle. Paris 1852.

J. A. Fabricius, Bibliotheca Latina mediae et infimae aetatis. Tom. I—VI. Florentiae 1858/9.

J. L. Klein, Geschichte des italienischen Dramas. Bd. I u. II. (= Gesch. des Dramas. Bd. IV u. V). Leipzig 1866.

V. de Amicis, L'imitazione latina nella commedia italiana del 16. secolo. Pisa 1871[3]) pag. 50—53.

R. Peiper, Zur Geschichte der lateinischen Comödie des 15. Jahrhunderts. (Neue Jahrbücher f. Phil. u. Pädag. Bd. CX. Leipzig 1874 pag. 131—139).

U. Chevalier, Repértoire des sources historiques du moyen âge. Bio-Bibliographie. Paris 1877/88.

L. Geiger, Renaissance und Humanismus in Italien und Deutschland. Berlin 1882.

J. Burckhardt, Die Cultur der Renaissance in Italien. 4. Aufl. bes. von L. Geiger. Bd. I u. II. Leipzig 1885. (5. unveränd. Aufl.: ibid. 1896).

A. Gaspary, Geschichte der italienischen Literatur. Bd. I u. II. Berlin 1885/88.

W. Cloetta, Beiträge zur Litteraturgeschichte des Mittelalters und der Renaissance. I. u. II. Halle 1890/92.

A. d'Ancona, Origini del teatro italiano. 2 edizione. Vol. I e II. Torino 1891.

Ph. Schaff, The Renaissance. The revival of learning and art in the

---

[1]) Unerreichbar geblieben ist: M. Korelin, Der ältere ital. Humanismus (Wissensch. Denkschriften der Moskauer K. Universität St. 14 u. 15. Moskau 1892).

[2]) Vgl. auch ibid. Tom. XI, pag. 832—834.

[3]) Sonderabdruck aus den Annali della scuola normale di Pisa.

14. and 15. centuries (Papers of the American society of church history. Vol. III. New-York a London 1891. pag. 1—132)

G. Voigt, Die Wiederbelebung des classischen Altertums. 3. Aufl. bes. von M. Lehnerdt. Bd. I u. II. Berlin 1893.

W. Creizenach, Geschichte des neueren Dramas. Bd. I. Halle 1893.

P. Bahlmann, Die lateinischen Dramen der Italiener im 14. u. 15. Jahrhundert. (Centralblatt f. Bibliothekswesen. Jahrg. XI. Leipzig 1894 pag. 172—178).

A. Rösler, Kardinal Joh. Dominici's Erziehungslehre und die übrigen pädagogischen Leistungen Italiens im 15. Jahrhundert... (= Bibliothek der kath. Pädagogik VII) Freiburg i. B. 1894.

1. Albertino Mussato (1261—1329).[1])

Mussato war im Herbst 1261[2]) in Padua geboren. Nachdem er längere Zeit sich Geld durch Bücherabschreiben und Stundengeben verdient, liess er sich in seinem 20. Lebensjahre als Notar nieder und gelangte in dieser Stellung zu solchem Ansehen, dass er 1296 zum Ritter und Mitglied des grossen Rats gemacht wurde. Noch mehrfach mit städtischen Würden bekleidet und mit Gesandtschaften[3]) betraut, förderte er das Wohl seiner Vaterstadt in hohem Grade und zeichnete sich auch in den Kriegen gegen Can Grande della Scala[4]), den königlichen Vikar von Verona und Vicenza, ebenso durch Umsicht wie durch persönliche Tapferkeit aus. Nachdem er im Oktober 1314 aus der Gefangenschaft, in die er am 17. September bei dem misslungenen Angriffe auf Vicenza geraten, zurückgekehrt war, schenkte er der Stadt seine Historia Augusta und seine Tragödie Ecerinis, wofür ihn die Universität im Dezember 1315 zum Dichter krönte. Trotz aller seiner Verdienste aber wurde Mussato, weil sich sein Bruder Gualpertino[5]) und sein liederlicher Sohn Vitaliano an der Verschwörung gegen das Stadtoberhaupt Marsilio da Carrara beteiligt hatten, am 23. September 1325 nach Chioggia verbannt, wo er auch am 31. Mai 1329 sein Leben beschloss.

---

[1]) Ueber ihn s. J. Wychgram, Albertino Mussato. Leipzig 1880; A. Zardo, Albertino Mussato. Padova 1884; Cloetta II, p. 11—21 u. 222—238; E. Docimasta, Alcune osservazioni critiche sopra recenti studi intorno Alb. Mussato. 2 edizione. Roma 1892.

[2]) s. L. Padrin, Una disputa sull' anno in che nacque A. Mussato. Padova, A. Draghi, 1891 (per nozze Pontremoli-Luzzatti).

[3]) Mussato war u. a. auch einer der Bevollmächtigten, die 1321 den nach Imola ausgewanderten Bolognesen neue Privilegien zusicherten, um sie der Universität Padua zu gewinnen (s. H Denifle i. Archiv f. Litt. u. Kirchengesch. des Mittelalters. Bd. VI. Freiburg i. B. 1892 pag. 368 ff.).

[4]) Ueber ihn s. H. Spangenberg, Cangrande della Scala. Teil I. u. II Berlin 1892/95.

[5]) Abt von S. Giustina.

Eccerinis. — 1314.[4])

Ausgaben:
a) Albertini Mussati Tragoedia Eccerinis. — In: Alb. Mussati Historia Augusta Henrici VII. Caesaris et alia, quae extant opera. Venetiis, ex typ. duc. Pinelliana, 1636. 2°. (K. B. Berlin).
    16 Seiten Text u. 5 Seiten Notae Nicolai Villani Pistoriensis.
b) Albertini Mussati Patavini Tragoediae duae Eccerinis et Achilleis, cum notis Nicolai Villani Pistoriensis ... Editio novissima, emendatior et auctior. Lugduni Batavorum, sumpt. Petri van der Aa. — In: Thesaurus antiquitatum et historiarum Italiae ed. J. G. Graevius. Tom. VI pars 2. Lugduni Bat. 1722. 2°.
c) Albertini Mussati Tragoedia Eccerinis appellata, ... ope quatuor manuscriptorum codicum antea edita; nunc vero cum duobus aliis manuscriptis Bibliothecae Ambrosianae collata et Prologo aucta (= Rerum Italicarum scriptores ed. L. A. Muratori. Tom. X. Mediolani 1727 sp. 785—800).
d) Mich. Minoia, Della vita e delle opere di A. Mussato. Roma 1884 pag. 267—292.

Italienische Übersetzungen (in Versen):
a) L'Ezzelino, tragedia latina di Albertino Mussato da Padova, tradotta da Luigi Mercantini. Palermo, Ign. Mirto, 1868. 8°.
b) — — trad. da Antonio dall' Acqua-Giusti. Venezia, Antonelli, 1878. 8°.
    Auch in Esercitazioni scientifiche e letterarie dell' Ateneo Veneto. Tomo VII fasc. 1.
c) — — trad. da Federico Balbi (s. Zardo, A. Mussato p. 331).

---

[4]) Vgl. L. Cappelletti, Alb. Mussato e la sua tragedia Eccerinis. Parma 1881; J. Wychgram, Ueber Mussatos Tragödie Eccerinis (Archiv f. d. Stud. der neuer. Sprachen u. Litt. Bd. 71. Braunschweig 1884 pag. 263—284); E. Mestica in Napoli letteraria 1885; A. Zardo, L'Eceriuis di A. Mussato sotto l'aspetto storico (Rivista storica italiana. Vol. VI. Torino 1889 pag. 497—512).

Tragödie in 5 Akten (553 jamb. Trimetern) mit Chören (159 Versen). Ist ein Mittelding zwischen Epos und Tragödie, aber hinsichtlich der äusseren Form die erste mittelalterliche Nachahmung Seneca's[1]), wofür es auch der mit Mussato's Einwilligung von den Professoren Guizzardo (aus Bologna) und Castellano (aus Padua) abgefasste und am 21. Dezember 1317 vollendete Kommentar zur Ecerinis ausdrücklich ausgiebt.

Das Stück sollte die Paduaner vor Can Grande warnen, ihnen am Beispiele des Ezzelino da Romano[2]), der im vorhergehenden Jahrhundert in Padua gewütet, zeigen, was sie von der Herrschaft eines solchen Tyrannen zu erwarten hätten: Akt I. Adheleita eröffnet ihren Söhnen Ecerinus (i. e. Ezzelino) und Albericus, dass sie die Kinder eines entsetzlichen Ungeheuers seien, das ihr Gewalt angethan. Ecerinus, stolz auf seine überirdische Abstammung, betet zu seinem wahren Vater, den er bald Vulcan, bald Satan nennt, ihn zu Gräuelthaten zu begeistern. Akt II. Ein Bote meldet, dass Ecerinus sich Verona's und auch Padua's bemächtigt, wo er die Bewohner mit furchtbaren Strafen bedrohe. Akt III. Ecerinus und Albericus wollen sich in die Weltherrschaft teilen, aber sich gegenseitig als Feinde gebärden. Ecerinus giebt mehrfache Proben seiner Grausamkeit. In Akt IV schildert ein Bote das Ende des Ecerinus, in Akt V ein anderer das des Albericus und seiner Familie. — Nähere Inhaltsangaben machen: Napoli-Signorelli III, pag. 34—37; Chassang p. 46 —50; Klein II, p. 239—248; G. Körting, Die Anfänge der Renaissancelitteratur in Italien. Leipzig 1884 p. 327—333; Cloetta II, p. 35—49; Creizenach I, p. 502—506.

Die früher gleichfalls Mussato zugeschriebene Tragödie „Achilleis" rührt von Antonio Loschi (s. d.) her.

---

[1]) Zum Studium desselben ist Mussato zweifellos durch seinen Freund und Lehrer Lovato de' Lovati (s. oben pag. 4) angeregt worden.

[2]) Ezzelino geb. am 26. April 1194, gest. im Oktober 1259; sein Bruder Alberigo wurde am 26. August 1260 getötet.

2. Francesco Petrarca (1304—1374).[1])

Francesco di Petracco (lat. Petrarca) war am 20. Juli 1304 zu Arezzo in Toscana geboren und studierte von 1319 —1323 in Montpellier, dann bis 1326 in Bologna die Rechte, beschäftigte sich aber zumeist mit klassischer Lektüre. Nach dem Tode seiner Eltern trat der völlig mittellose Jüngling 1326 zu Avignon, dem damaligen[2]) Sitz des päpstlichen Hofes, in den geistlichen Stand, um Pfründen erhalten und dadurch dem Studium der Alten weiter obliegen zu können. Hier, wo er bereits 1327 seine Laura († 6. April 1348) kennen gelernt, gewann er auch 1330 die Gunst des Kardinals Giovanni Colonna, der ihn bis zu seinem Tode († 1348) auf das Freigebigste unterstützte. 1333 bereiste Petrarca Nordfrankreich und Deutschland, 1336 Italien; am 8. April 1341 wurde er auf dem Kapitol als Dichter gekrönt. In den nächsten zwölf Jahren lebte er abwechselnd in Oberitalien und Frankreich[3]), von 1353 — 1361 in Mailand, 1361 in Padua, 1362 — 1368 in Venedig, seit dem Sommer 1368 in der Stadt Padua oder auf seinem in deren Nähe befindlichen Landsitze in Arqua, wo man ihn am Morgen des 18. Juli 1374 tot im Bibliothekszimmer auffand. — Mit Ehren und Geschenken ist Petrarca, der auch mehrfach zu politischen u. a. Missionen verwendet wurde, selbst von gekrönten Häuptern geradezu überhäuft worden; irgend ein festes Amt aber hat er, um seine Unabhängigkeit zu wahren, niemals bekleidet. In seinen poetischen und prosaischen Schriften bediente sich der Begründer der modernen klassischen Bildung mit Vorliebe der lateinischen Sprache, und nur mit Geringschät-

---

[1]) Ueber ihn s. L. Geiger, Petrarka. Leipzig 1874; G. Körting, Petrarca's Leben und Werke. Leipzig 1880; Ad. Bartoli, Storia della letteratura italiana. Tom. VII: Fr. Petrarca. Firenze 1884; Gaspary I, p. 403 —480: Schaff pag. 22—26; P. de Nolhac, Petrarque et l'humanisme. Paris 1892; Korelin p. 175 ff.; Voigt I, pag. 20 ff.; E. Penco, Storia della letteratura italiana. Vol. III: Fr. Petrarca. Siena 1895; B. Zumbini, Studi sul Petrarca. Firenze 1895.

[2]) von 1305—1376.

[3]) im Dorfe Vaucluse, wenige Meilen von Avignon.

zung sah er selbst auf seine Vulgärpoesien, seine bedeutendste Schöpfung, herab.

Philologia. — 1330/31.

Diese Komödie, welche das erste humanistische Lustspiel sein würde, ist leider verschollen. Petrarca schämte sich später der zur Belustigung des alten Giovanni Colonna di S. Vito[1]) geschriebenen Jugendarbeit und wollte sie nicht einmal seinen Freunden mitteilen.[2])

In einem um das J. 1500 angefertigten Drucke[3]) wird dem Petrarca auch ein lateinischer Dialog in Prosa „Pilades et Orestes" zugeschrieben.

3. Columpnarium

ist offenbar erst später ein wohl aus der ersten Hälfte des 14. Jahrhunderts stammendes lateinisches Drama in Prosa betitelt worden, das sich in der Bibliothèque nationale zu Paris (Cod. 8163) befindet. Das anscheinend zur Aufführung bestimmte Stück ist nach Creizenach (I, p. 533 f.) „eine Variation der weitverbreiteten Sage von der Königstochter, die vor den unnatürlichen Gelüsten des eigenen Vaters fliehen und in der Welt umherirren muss, bis nach mancherlei Wechselfällen sich alles zum Guten wendet. Die Handlung spielt im Lande des Emolphus, rex Carillorum, dann in Phocis und Athen."

4. Lodovico da Fabriano.

Der Verfasser, Ser Lodovico aus Fabriano, ist höchst wahrscheinlich identisch mit dem Notar Lodovico de' Romani da Fabriano.[4])

---

[1]) Oheim des oben genannten Kardinals.

[2]) Fr. Petrarcae Epistolae de rebus familiaribus II, 7 et VII, 16. — Vgl. Geiger, Petrarka p. 32; Voigt I, p. 152 u. II. p. 406; Creizenach I, p. 530 f.

[3]) [Kopftitel:] Francisci Petrarche dialogus, cuius interlocutores sunt in primis Pilades et Orestes, preter hos caupo et hospes. 4 Bll. 4°. excl. Bl. A$_1$, das dem vorliegenden Exemplar (P. B. Münster) fehlt. — Dieser Dialog ist auch Petrarca's Dyalogus de vera sapiencia (Hain * 12798; K. B. Berlin) beigefügt.

[4]) s. Fr. Novati, Sull' autore del De casu Caesenae (Archivio storico per le Marche e per l'Umbria. Vol. II. Foligno 1885 pag. 135—146).

De casu Caesenae. — 1377.

Abgedr. von G. Gori im Archivio storico italiano. Nuova Serie. Tom. VIII parte 2. Firenze 1858 pag. 17—30.

Behandelt in rein dialogischer Form (Prosa) die eben erfolgte Einnahme von Cesena durch den Kardinal Albornez. Eine sehr ausführliche Inhaltsangabe giebt Cloetta I, p. 56—66. Das Stück gehört weder zu den epischen noch zu den wirklichen Dramen, ist aber in der von Gori benutzten Handschrift (Cod. Laurentianus XIII, Pluteo XC inferiore f. 29—32) als Comoedia, in einer andern (Cod. Corsinianus 33 E. 23) als Tragoedia bezeichnet. In dem ersten Codex ist es — ebenso wie ein Prosaroman Medea (ibid. fol. 22—25) — irrtümlich dem Petrarca, der bereits 1374 gestorben, in dem zweiten dem Coluccio Salutati[1]) zugeschrieben, der vielleicht die Anregung gegeben hat.

5. Giovanni Manzini della Motta.[2])

Manzini, gebürtig aus der Stadt Fivizzano in der Lunigiana, lernte in Sarzana Latein und besuchte von 1380—1387 die Universität zu Bologna, wo er u. a. auch die Vorlesungen seines Jugendfreundes Bartolomeo de Regno[3]) über Rhetorik hörte und fünf Jahre Jurisprudenz studierte. Nachdem er Doktor der Rechte geworden, kämpfte er unter Gian Galeazzo Visconti (Conte di Virtù, † 3. Sept. 1402) gegen Antonio della Scala von Verona († 3. Sept. 1388), der am 18. Oktober 1387 nach Venedig fliehen musste, begab sich aber noch im selben Jahre zur Fortsetzung seiner Studien nach Pavia, wo er gleichzeitig die Erziehung von Melchior de' Capelli, dem Sohne des bekannten Kanzlers Gian Galeazzo's, zu leiten hatte. Im August 1388 eilte er, da in Pavia die Pest ausgebrochen, mit seinem Zöglinge nach

---

[1]) geb. am 16. Febr. 1331, seit April 1375 Kanzler von Florenz, als solcher gest. am 4. Mai 1406. — Ueber ihn s. Selmi, Biografia di Coluccio Salutati. Lucca 1879; Voigt I, p. 190—211; O. E. Schmidt, Coluccio Salutati (Die Grenzboten. 52. Jahrg. Bd. 3. Leipzig 1893 pag. 253—268).

[2]) s. Cloetta II, p. 76—84.

[3]) Ueber ihn s. Voigt II, p. 48.

Belgioioso und dann nach Cremona; seit Januar 1389 fehlt jegliche sichere Nachricht.¹) Von seiner

Tragödie über den Sturz Antonio's della Scala. 1387

ist nur ein einziger Chorgesang bekannt geworden, den Manzini seinem Gönner Benedetto de' Gambacorti in einem Briefe vom 13. Febr. 1388 mitteilte, als er ihm schrieb, dass er im vergangenen Sommer während seiner Kriegszüge eine Tragödie entworfen habe, die er in seinem Namen (d. i. ihm gewidmet) angefangen und, so Gott wolle, auch vollenden werde. Lazeri²), der diesen Brief zuerst veröffentlicht, druckt — „um den Leser nicht zu langweilen, und weil man von dem Mitgeteilten leicht auf das Fehlende schliessen könne" — von dem Chorgesange nur 11 Verse ab.

6. Antonio de' Loschi
(de Luschis, ca. 1365—1441).³)

Loschi, als Sohn eines angesehenen Juristen in den sechziger Jahren des 14. Jahrhunderts zu Vicenza geboren, beschäftigte sich schon früh mit litterarischen Studien und poetischen Arbeiten. Nachdem er eine Zeit lang Beamter in Verona am Hofe Antonio's della Scala gewesen, ging er, als dieser 1387 von Gian Galeazzo Visconti vertrieben wurde, nach Florenz, wo sich Coluccio Salutati seiner annahm, konnte aber weder dort noch in Neapel eine Unterkunft finden. Auf Wunsch seines Vaters studierte er nunmehr in Pavia die Rechte und trat hier, wahrscheinlich durch Salutati's Empfehlungen, in nähere Beziehung zu dem Kanzler

---

¹) Nach Chevalier sp. 1466 wäre Manzoni 1405 Podesta von Pisa gewesen.

²) (P. Lazeri S. J.), Miscellanea ex MSS. libris Bibliothecae Collegii Romani Soc. Jesu. Vol. I. Romae 1754 pag. 224.

³) Ueber ihn s. Tiraboschi XV, p. 1203 ff.; G. da Schio, Sulla vita e sugli scritti di Antonio Loschi Vicentino Commentarii. Padova 1858; Cloetta II, p. 91—105; Voigt I, p. 501 ff. u. II, p. 18—21.

Pasquino de' Capelli, durch dessen Bemühungen er 1390 mehrere Pfründen erhielt und auch in den Dienst Visconti's gelangte, der 1395 Herzog von Mailand wurde. Nach Capelli's traurigem Ende († 1398) zu dessen Nachfolger ernannt, blieb er bis 1405 am mailändischen Hofe, siedelte aber nach der Ermordung der Herzogin Mutter Caterina mit Frau und Kindern in seine Vaterstadt über. Doch schon gegen Ende des folgenden Jahres (1406) machte ihn Gregor XII. zum päpstlichen Sekretär und Familiare, welches Amt er auch unter dessen Nachfolgern bekleidete, die ihn verschiedentlich zu politischen Missionen verwandten, deren eine ihm am 22. August 1426 den Pfalzgrafentitel eintrug. Als aber Eugen IV. (1431—1447) aus Rom fliehen musste, kehrte Loschi nach Vicenza zurück, wo er um die Mitte des Jahres 1441 im Kreise seiner zahlreichen Familie verschied.

Achilleis. — 1389.[1])

Ausgaben:
a) Achilleis Tragoedia altera [sc. A. Mussati] ... Venetiis 1636 (s. Nr. 1 Ausg. a).
   22 Seiten Text und 4 Seiten Notae Nicolai Villani.
b) ... Lugduni Bat. 1722 (s. Nr. 1 Ausg. b).
   Cum notis Nic. Villani.
c) Achilles, Prototragoedia Antonii de Luschis ad fidem codicis XIV in bibliotheca Vicentina Bertholiana nuncupata asservati ed. Giov. da Schio[2]). Patavii 1843.

In 5 Akten (625 jamb. Trimetern) mit je einem Chor (zus. 314 Verse). Viele Stellen dieser ersten eigentlichen Renaissancetragödie sind Seneca wörtlich entlehnt.

Inhalt: Akt I. Hecuba fordert ihren Sohn Paris auf, den Tod seiner Brüder Hektor und Troilus zu rächen. Akt II. Der in Polyxena verliebte Achilles lässt sich durch

---

[1]) Am eingehendsten besprochen von Cloetta II, p. 105—147. Von den zahlreichen Handschriften befindet sich eine aus d. J. 1390 datierte in Padua, eine andere, die Loschi als Verfasser nennt, in der öffentlichen Bibliothek zu Vicenza. Vgl. G. Todeschini, Del vero autore della tragedia l'Achillo ... Vicenza 1832.

[2]) da Schio gab ausserdem ohne Nennung seines Namens auch heraus: Antonii de Luschis Carmina quae supersunt fere omnia. Patavii 1858. 8°.

einen Boten, der ihm des Priamus Einwilligung zur Vermählung überbringt, nach Troja in den Apollotempel locken. Akt III. Hecuba und Priamus triumphieren über die Ermordung Achills, doch die Seherin Cassandra verkündet Unheil. Akt IV. Ein Bote berichtet im Lager der Griechen, wie Achilles beim Tempel überfallen und getötet worden. Akt. V. Agamemnon und Menelaus klagen um Achilles; Kalchas prophezeit, dass dessen Sohn Pyrrhus an die Stelle des Vaters treten werde. Nähere Inhaltsangabe s. Chassang p. 51—56; da Schio, Vita etc. p. 35; Klein II, p. 249 f.; Körting l. c. I, p. 344—347; Cloetta II, p. 108—122; Creizenach I, p. 519 f.

7. Pier Paolo Vergerio (1370—1444).[1])

Vergerio, der Sprosse einer vornehmen und berühmten Familie[2]), war am 23. Juli 1370 zu Capo d'Istria (Justinopolis) geboren. Nachdem er seine ersten Studien in Padua gemacht, wo er auch Schüler Giovanni's da Ravenna[3]) — der frühestens seit 1379, sicher aber schon 1382 dort Eloquenz und Rhetorik docierte — gewesen, vollendete er seine rhetorische und philosophische Ausbildung in Florenz, und lehrte dann eine Zeit lang daselbst die Dialektik, gleichzeitig unter Francesco Zabarella[4]), mit dem ihn bis zu dessen Tode

---

[1]) Ueber ihn s. Tiraboschi XIV, p. 951—957; J. Scheminski, P. P. Vergerius u. M. Vegius (Progr. d. Kgl. Marien-Gymnas.) Posen 1858; G. Babuder, P. P. Vergerio il Seniore, uno de' più celebri umanisti italiani dell' epoca dell resorgimento. Capodistria 1866; Voigt I, p. 432 f, u. II, p. 272—274; K. A. Kopp, P. P. Vergerio, der erste humanistische Pädagoge (Festschr. zur Eröffnung des neuen Kantonschul-Gebäudes in Luzern. Luzern 1893 p. 125—153); Rösler p. 73—101. Ihre Angaben sind jedoch nach Kneer's unten cit. Dissertation zu berichtigen.

[2]) Derselben gehörte auch der 1498 geborene Nuntius Pietro Paolo Vergerio an, der 1548 apostasierte und am 4. Okt. 1565 zu Tübingen starb.

[3]) d. i. Giov. di Conversino (Conversano) aus Ravenna. — Ueber ihn s. Th. Klette, Beiträge z. Gesch. u. Litt. der ital. Gelehrtenrenaiss. I Greifswald 1888 p. 7—26; Korelin l. c.; Voigt I, p. 212—219.

[4]) geb. 10. Aug. 1360 zu Padua. — Ueber ihn s. A. Kneer, Kardinal Zabarella. Teil I. (Inaug.-Diss.) Münster 1891.

(† 27. Okt. 1417) enge Freundschaftsbande vereinten, dem Rechtsstudium sich widmend. Als jener zu Beginn des Jahres 1391 nach seiner Vaterstadt Padua übersiedelte, folgte ihm Vergerio dorthin nach, erweiterte aber nicht lediglich seine juristischen Kenntnisse, sondern war ausserdem von 1393—1403 Professor der Logik und viele Jahre hindurch Erzieher der Söhne des regierenden Fürsten Francesco (II) il Novello da Carrara, der ihn auch zu seinem Sekretär und zum Bürger von Padua machte. Sein Aufenthalt in dieser Stadt, den er von 1397—1400 nur unterbrochen, um sich zu Florenz von Manuel Chrysoloras[1]) die Wunderwelt des antiken Hellenentums erschliessen zu lassen, war Vergerio's glücklichste Zeit. Aber bald nachdem er zu der Doktorwürde in den freien Künsten und der Medizin noch die eines Licentiaten beider Rechte erworben[2]), musste er in Folge der mit Venedig ausgebrochenen Streitigkeiten[3]) Padua verlassen, und wandte sich schliesslich nach Rom, wo ihn Innocenz VII. (1404—1406) zum apostolischen Sekretär ernannte und auch Gregor XII. (1406—1415) wiederholt zu Rate zog. Nachdem er 1411 und 1412 seine Heimat Capo d' Istria besucht und zwei weitere Jahre in Padua und Bologna verbracht hatte, wurde er 1414 Kanonikus an der Metropolitenkirche zu Ravenna[4]) und begleitete als solcher seinen inzwischen (1411) zum Kardinal erhobenen Freund Zabarella zum Konstanzer Konzil (1414—1418), von wo ihn Kaiser Sigismund an seinen Hof nach Ungarn mitnahm. Im Juli 1420 trat er bei der Disputation mit den Hussiten auf der Prager Kleinseite als Haupt-

---

¹) s. J. Bernardi, Pierpaolo Vergerio il seniore ed Emanuele Crisolora (Archivio storico italiano. Ser. III, Tom. XXIII. Firenze 1876 p. 176—180) und unten pag. 20 Anmerk. 2.

²) Wann er die einzelnen Grade erlangte, hat sich bisher nicht feststellen lassen. Vgl. A. Gloria, Monumenti della Universita di Padova (1318—1405). Tom. I. Padova 1888 p. 491—494.

³) Vgl. E. Bernheim, Der Sturz des Hauses Carrara (Zeitschr. f. allg. Gesch. Bd. IV. Stuttgart 1887 pag. 103—123).

⁴) Vergerio, der zwar Kleriker gewesen, aber nie die höheren Weihen empfangen zu haben scheint, soll auch 1409 Archidiakon von Piave di Sacco geworden sein (Rösler p. 84).

redner der Katholiken auf, und wird wohl auch anderweitig zu wichtigen Geschäften verwandt sein; in seinen letzten Lebensjahren freilich war sein Geist zeitweise umnachtet. Er starb am 8. Juli 1444 in Ofen.[1])

Paulus. — ca. 1390.

Noch ungedruckt.[2])
Handschrift: Petri Pauli Vergerii Justinopolitani Paulus, Comoedia ad Juvenum mores corrigendos (Mailand, Bibl. Ambrosiana, C. 12. cart. 4°).

Komödie (5 Akte) in Versen, die Terenzianische sein sollen, sich aber als solche nur dadurch verraten, dass die Zeilen die ungefähre Länge eines Senars besitzen.

Inhalt: Akt I. Der liederliche Student Paulus will nunmehr ganz der Wissenschaft leben, schiebt aber die Verwirklichung seiner guten Vorsätze auf die Vorstellungen seines verschmitzten Dieners Herotes noch hinaus. Der treue Diener Stichus wird wegen seiner gut gemeinten Warnungen geschlagen und gescholten. Akt II. Stichus jammert über das Treiben seines Herrn und trägt auch dessen Freunde Titus seine Klagen vor. Akt III. Herotes, der ein Gastmahl zubereiten und für jeden Gast eine Dirne beschaffen soll, erhält von der Kupplerin Nicolosia das Erscheinen ihrer Tochter Ursula zugesagt und von dieser den geforderten Lohn als Gelegenheitsmacher. Akt IV. Paulus, dem Herotes den Besuch der schönen Jungfrau angekündigt, lässt dieselbe

---

[1]) Sein Testament d. d. Ofen 11. Mai 1444 befindet sich in der Markusbibliothek zu Venedig.

[2]) Nur den Prolog (19 Verse) haben abgedruckt:
  a) J. A. Saxius, Historia literario-typographica Mediolanensis (bezw Ph. Argelati Bibliotheca scriptorum Mediolanensium. Tom I). Mediolani 1745 sp. 393 f.
  b) A. Zeno, Dissertazioni Vossiane. Tom. I. Venise 1752 pag. 59.
Danach soll das Stück lehren:
  Quantum momentum ad diluendas opes
  In malis siet Servus,
  Quam misere parentes fallat venalis amor.

sofort herbeiholen und empfängt sie mit stürmischen Liebkosungen. Akt V. Herotes ladet seinen Freund Papis zu den Gerichten ein, die er bei Seite schaffen will, und lobt, nachdem auch jener allerlei Streiche erzählt, seine List. Zum Schluss wird die Frage erörtert, warum jedermann mit seinem Verstande, niemand aber mit seinem Vermögen zufrieden ist (Creizenach I, p. 534—538).

Da Petrarca's Philologia verloren gegangen, ist „der Paulus seit dem Untergange der antiken Welt das älteste erhaltene Lustspiel nach antikem Muster".

8. Leonardo Bruni (1369—1444).[1])

Bruni (Bruno, Brunus) war 1369 in Arezzo geboren und wurde deshalb gewöhnlich Aretinus (Aretino) genannt. Er studierte in Florenz die Rechtswissenschaft, betrieb aber auch das Studium der freien Künste und besonders — unter Manuel Chrysoloras (1350—1415),[2]) der von 1396—1400 als Professor dort weilte — das der griechischen Sprache. Coluccio Salutati wandte dem strebsamen Jünglinge seine volle Gunst zu, und durch dessen und Poggio's[3]) Verwendung erhielt er 1405 unter Innocenz VII. das Amt eines päpstlichen Sekretärs, das er auch unter den drei folgenden Päpsten bekleidete. Erst nach der Absetzung Johann's XXIII. (1415) liess er sich wieder dauernd in Florenz nieder, wo er am 26. Juni 1416 bei Ausgabe des ersten Buches seiner

---

[1]) Ueber ihn s. Aeneas Sylvius Piccolomineus, De viris illustribus Nr. 16; Tiraboschi XIV p. 911—920; Bone (Wetzer u. Welte's Kirchenlexikon. 2 Aufl. Bd. II. Freiburg i. B. 1883 sp. 1372 f.); Gaspary II p. 98 f.; Schaff p. 45; Korelin l. c.; Voigt I, p. 306—312. Vgl. auch Rösler p. 175—184.

[2]) Ueber ihn s. R. Sabbadini, Emanuele Crisolora (Giornale storico della letteratura italiana. Vol. V. Torino 1885 p. 148—156); Th. Klette, Beiträge z. Gesch. u. Litt. der ital. Gelehrtenrenaissance I. Greifswald 1888 p. 47—54; Voigt I, p. 222—232.

[3]) Eigentlich Gianfrancesco Bracciolini (1378—1459), von 1403—1453 Geheimschreiber bei acht Päpsten, dann Staatskanzler der Republik Florenz, welche Würde vor ihm seit Bruni's Tode Carlo Marsuppini († 24. April 1453) inne gehabt hatte.

Florentiner Geschichte das Bürgerrecht, und am 7. Februar 1439, nachdem er das neunte Buch vollendet,[1]) Steuerfreiheit für sich und seine Kinder erhielt, sowie am 2. Dezember 1427 zum Staatskanzler gewählt wurde, in welcher Stellung er bis zu seinem Tode († 9. März 1444) verblieb.

Poliscena. — ca. 1395.

Ausgaben[2]):

a) [Calphurnia et Gurgulio, comoedia. — Am Ende:] Finit feliciter Leonardus Arētinus in monasterio Sortense[3]) Anno domini 1478. 14 Bll. 2°. — (Brit. Mus. London; H. B. München; Harrassowitz-Leipzig: 400 ℳ).
    Ohne Titel, der dem Argument entnommen. Vgl. Hain * 1595; K. Burger, Dtsch. u. ital. Inkunabeln. Tafel 40. Berlin 1893.

b) Comedia Poliscene per Leonhardum arentinum congesta. [Am Ende:] ... Impressum Liptzk per Melchior Lotter. Anno domini 1500. 22 Bll. 4°. — (U. B. Leipzig; H. B. München).

c) Comedia Poliscene per Leonardum aretinum congesta. [Am Ende:] ... Impressum Liptzk per Melchior Lotter Anno domini 1503. 22 Bll. 4°. — (U. B. Göttingen).

d) Comedia poliscene per Leonardum aretinum congesta. [Am Ende:] ... Impressum Liptzk per Melchior Lotter. Anno domini 1507. 22 Bll. 4°. — (H. B. München).

e) Comedia Poliscene per Leonhardum Arentinum congesta. [Am Ende:]... Impressum regia in civitate Cracoviensi[4])

---

[1]) Bei Bruni's Tode umfasste das Werk 12 Bände, war aber nicht vollendet. — Bei Muratori, Rer. Ital. script. XIX, 1731, sp. 911—942 ist abgedruckt: Leonardi Aretini Rerum suo tempore gestarum Commentarius, 1378—1440.

[2]) Der breite Rand und die weit auseinanderstehenden Zeilen beweisen, dass die Drucke zu Interpretationszwecken bestimmt waren, wie denn auch fast alle Handschriften mit Glossen versehen und sogar Interpretationskollegs über das Stück nachgewiesen sind (Creizenach I, p. 570 f.).

[3]) Schussenried in Württemberg, ehemalige Prämonstratenserabtei, 1803 säkularisiert.

[4]) Einen zweiten krakauer Druck, der noch existieren soll, vermochte ich nicht aufzufinden.

Impenssis spectabilis viri domini Johannis Haller Anno salutis nostre 1509. 13 Bll. 4°. — (K. B. Berlin).
f) Comedia Poliscene per Leonardum Aretinum congesta. [Am Ende:] ... Impressum Lyptzk per Baccalaureum Martinum Herbipolensem. Anno 1510. 24 Bll. 4°. — (U. B. Göttingen).
g) Comedia Poliscene per Leonardum Aretinum collusa. [Am Ende:] ... Impressum Lyptzk per Melchior Lotter. Anno domini 1511. 18 Bll. (d. l. Bl. leer) 4°.[1]
h) Comedia Poliscene Leonhardo Aretino auctore scripta. [Am Ende:] ... Impressum Lypsi per Melchiar Lotter. Anno domini 1513. 18 Bll. (d. l. Bl. leer) 4°. — (U. B. Breslau; H. B. München).
i) — — ibid. 1514. 4°. — (Chorherrnstift St. Florian in Oberösterreich).
k) — — [Am Ende:] ... Impressum Lypsi per Valentinum Schuman, Anno Domini 1515. 18 Bll. (d. l. Bl. leer) 4°. — (K. B. Berlin; H. B. München).
l) — — [Am Ende:] Impressum Viennae Austriae, per Joannem Singrenium. Anno Domini 1516. 16 Bll. 4°. — (H. B. München; H. B. Wien).
   Auf dem letzten Blatte nur ein Buchdruckerstock mit der Unterschrift „Leonardus Alantse".
m) Comedia Poliscene per Leonardum Aretinum congesta. [Am Ende: Lipsiae,] Ex edibus Conradi Kacheloffen Anno salutis 1516. 22 Bll. 4°. — (K. B. Berlin[2]).
n) Comedia Poliscene Leonhardo Aretino auctore scripta. [Am Ende:] Lipsiae in aedibus Valentini Schumann Anno domini 1517. 14 Bll. (d. l. Bl. leer) 4°. — (K. B. Berlin).

Komödie in 5 Akten (Prosa). — Inhalt: Akt I. Gracchus, der sich in Poliscena verliebt hat und von dieser — wie sie in einem Monologe verrät — wieder geliebt wird, offenbart

---

[1] P. Lacroix, Bibliothèque dramatique de M. de Soleinne. P. I. Paris 1843 p. 26.

[2] Dieses neuerdings von Spirgatis-Leipzig (Kat. 25 Nr. 31: 18ℳ) erworbene Exemplar ist das von Creizenach I, p. 571 gesuchte, dessen Marginalnoten angeblich von Melanchthon herrühren.

sich seinem Diener Gurgulio, der sich der Beihülfe der kupplerischen Alten Taratantara versichert und in Akt II. deren Bereitwilligkeit seinem Herrn meldet, bis beide durch das Herannahen von Macharius, des Gracchus Vater, verscheucht werden. Akt III. Taratantara überbringt Poliscena's Mutter Calphurnia die Anträge des Gracchus, wird aber abgewiesen und begiebt sich im Einverständnis mit Gracchus zu Poliscena, dort ihr Glück zu versuchen. Akt IV. Poliscena, von der Alten über den Liebeskummer ihres Schützlings unterrichtet, gesteht ihre Liebe gleichfalls ein und willigt in eine Zusammenkunft. Akt V. Taratantara überbringt dem Gracchus die freudige Nachricht und unterweist ihn, wie er sich einzuschleichen habe. Calphurnia wütet [am folgenden Tage] über den Jungfrauenschänder, beruhigt sich aber, da Macharius sofort die Verheiratung des Paares gestattet. Vgl. Chassang p. 104–109; Gaspary II, p. 210; Creizenach I, p. 541—544.

9. Sicco Polentone (ca. 1370—ca. 1463).[1]

Die Familie des Sicco oder Secco de' Ricci genannt Polentone stammte aus Levico; er selbst war um das J. 1370 in Padua geboren. Nach beendigten Studien — zu seinen Lehrern gehörte u. a. Giovanni di Conversino da Ravenna — Notar geworden, fungierte er als solcher bereits am 28. April 1397[2]) und auch noch am 28. Juni 1404.[3]) Im folgenden Jahre, nach dem Sturze Francesco's II. da Carrara[4]), wurde

---

[1]) Ueber ihn s. B. Scardeonii De antiquitate urbis Patavii etc. (Graevius, Thesaurus antiquitatum VI³, Lugduni Bat. 1722) sp. 267; J. E. Kappius, Dissertatio de Xiccone Polentono cancellario Patavino, historiae litterariae saec. XV. in Italia instauratore. Lipsiae 1733 4°; Tiraboschi XIV, p. 1032 f.; R. Sabbadini, Sicco Polenton (Museo italiano di antichità classica, Vol. III. Firenzo 1890 sp. 319—324); Voigt I, p. 434—437.

[2]) A. Gloria, Monumenti della Università di Padova (1318—1405). Tom. II. Padova 1888 p. 314 Nr. 1972.

[3]) Ibid. II, p. 427 Nr. 2263.

[4]) Derselbe wurde am 17. Januar 1406 in Venedig erdrosselt, ebenso seine beiden mit ihm gefangen gehaltenen Söhne.

er Stadtschreiber (Kanzler) von Padua. In dieser Stellung, die er bis zu seinem spätestens 1463 erfolgten Tode bekleidete, erwarb er sich um seine Vaterstadt grosse Verdienste, fand aber auch Zeit für zahlreiche Schriften, unter denen sein Hauptwerk „De illustribus scriptoribus linguae latinae" [1]), an dem er 25 Jahre lang (spätestens bis 1433) gearbeitet, wohl die meiste Beachtung genoss. Polentone, der stolz darauf war, Mussato's Leben in demselben Hause zu schreiben, in dem dieser gewohnt,[2]) war es auch vergönnt, am 31. August 1413 im Kloster S. Giustina den Deckel der Cista abzuheben, die die Gebeine seines berühmten Landsmannes Titus Livius († 17 n. Chr.) enthalten sollte.

Lusus ebriorum oder De lege bibia. — wohl ca. 1400[3]).
Original verschollen.
Italienische Übersetzung in Prosa, wahrscheinlich angefertigt von des Verfassers Sohne Modesto Polentone, Doktor und Professor der Rechte zu Padua[4]):
   Catinia[5]) da Como . . . [Am Ende:] Finis. Laus deo. La Catinia de Sicco Polenton a Jacomo badover zentil homo paduano et vinitiano inscripta zoe intitulata qui finisce . . .In Trento post tenebras spero lucem.: S. M. P. Z. L. C. L. S[6]): ZL[7]): 1482: die 28. Marcii. 16 Bll. 4°. — (Markusbibl. Venedig.)

---

   [1]) Handschriftlich u. a. in der Biblioteca Riccardiana zu Florenz (Cod. 121) und der Vatikanischen Bibliothek zu Rom (Cod. 3541, geschrieben i. J. 1466 von Antonio Tridentone).

   [2]) s. Polentone's Biographie von Mussato, aus dem in Anm. 1 nachgewiesenen Hauptwerk abgedr. in A. Mussati De gestis Henrici VII. Caes. historia augusta (Muratori, Rer. Ital. script. X[2], 1727) pag. 2.

   [3]) Polentone bemerkt in seinem oben genannten Hauptwerke: nostro pro exercitio et delectatione lusimus ludum de lege Bibia multo risu ac ioco plenum (Voigt II, p. 407).

   [4]) Ueber ihn s. Kappius l. c. p. 45 f.

   [5]) von catinum, Geschirr.

   [6]) Segnò (oder sigillò) Messer Prè Zuan Lunardo Curato Longo stampatore. — Vgl. G. Amati, Ricerche st.-cr.-sc. sulle origini . . . nelle lettere, nelle arti e nelle scienze. Tom. V. Milano 1830 pag. 525—533.

   [7]) Zeichen des Druckers Longus.

Inhalt: Der Schenkwirt Bibio und der Topfhändler Catinio
erörtern mit zwei anderen Zechgenossen die Frage, ob das
Trinken nicht dem Sammeln von Schätzen, dem Kriegführen
und Studieren vorzuziehen sei. Der zum Schiedsrichter ge-
wählte Marktschreier Quaestio giebt dem Trinken den Vorzug,
und Catinio wird wegen Ruhestörung zur Zahlung der Zeche
verurteilt. Vgl. Chassang p. 110; Klein I, p. 247; Creizenach
I, p. 562 f.

10. Pier Candido Decembrio (1399—1477)).[1])

Decembrio, der Sohn des Philosophen, Dichters und Red-
ners Uberto Decembrio[2]), war am 24. Oktober 1399 zu Pavia
geboren. Nachdem er seinen ersten Unterricht in Mailand,
wohin sein Vater 1402 übergesiedelt war, empfangen und sich
in Genua weiter ausgebildet hatte, wurde er 1419 Sekretär des
Herzogs Filippo Maria Visconti, in dessen Auftrage er u. a. 1423
in Florenz, 1425 und 1443 in Rom, 1445 in Venedig weilte.
Als sich nach des Herzogs Tode († 13. Aug. 1447) in Mailand
die Republik organisierte, gehörte Decembrio zu deren Häuptern, und musste deshalb kurz vor dem feierlichen Einzuge
des neuen Herzogs Francesco Sforza[3]) (25. März 1450) die
Stadt verlassen. Er wandte sich nach Rom und bekleidete
unter Nicolaus V. und Calixt III. das Amt eines päpstlichen
Sekretärs, lebte von 1456—1459 am Hofe von Neapel, wo
er auch der Krönung des Königs Fernando (9. Febr. 1459),
Alfonso's Nachfolgers, beiwohnte. Ende 1459 nach Mailand

---

[1]) Ueber ihn s. Tiraboschi XIV, p. 965—971; Voigt I, p. 511 u. II,
p. 95; M. Borsa, Pier Candido Decembri e l'umanesimo in Lombardia (Archivio storico Lombardo. Anno XX. Milano 1893 p. 5—75 e 358—441);
F. Gabotto, L'attività politica di Pier Candido Decembrio (Giornale ligustico
di archeologia, storia e letteratura. Anno XX. Genova 1893 p. 161—198
e 241—270).

[2]) Gest. als Podesta in Treviglio am 7. April 1427. Ueber ihn s. L.
Geiger (Zeitschr. f. dtsch. Kulturgesch. N. F. Jahrg. IV. Hannover 1875
p. 105—109) und M. Borsa, Un umanista vigevanasco del sec. XIV (Giornale linguistico etc. XX, 1893, p. 81—111 e 199—215).

[3]) Filippo Maria's Schwiegersohn, † 8. März 1466.

zurückgekehrt, bestimmten ihn der Ärger über seinen alten Feind Francesco Filelfo[1]) und der Tod seiner Freunde, sich um die Wiederanstellung bei der Kurie zu bewerben. Da aber seine diesbezüglichen Bemühungen vergeblich waren, blieb er daselbst wohnen, und ging auch, als seine Frau Caterina Bossi am 20. Mai 1464 gestorben war, am 24. Januar 1465 eine neue Ehe mit Battistina Caunogli, der Wittwe Battista's degli Amedei, ein. Nicht viel besser scheint es ihm in Ferrara gefallen zu haben, wo er sich von 1468—1476 aufhielt und der Gunst der Herzöge Borso[2]) u. Ercole d'Este[3]) erfreute; denn 1476 finden wir ihn, den Herzog Galeazzo Maria[4]) um Hülfe angehend, wieder in Mailand, wo er am 12. November 1477 starb und in der Kirche S. Ambrogio begraben wurde. Nach der dort befindlichen Grabschrift[5]) hat er über 127 Bücher geschrieben, von denen freilich nur wenige gedruckt sind[6]). Auch eine Komödie
Aphrodisia
hatte er nach einem an seinen Jugendfreund Cambio Zambeccari gerichteten Briefe[7]) begonnen; doch wissen wir nicht, ob sie je vollendet worden.

[1]) Geb. am 25. Juli 1398 in Tolentino, gest. am 31. Juli 1481 zu Florenz. Ueber ihn s. Gaspary II, p. 111—117; Th. Klette, Beiträge zur Gesch. u. Litt. der ital. Gelehrtenrenaissance. III. Greifswald 1890 p. 27—56; A. Luzio e R. Renier, J. Filelfo e l' umanismo alla corte dei Gonzaga (Giornale storico della letteratura italiana. Vol. XVI. Torino 1890 p. 119—217); Voigt I, p. 348—366 etc.

[2]) Bruder und seit 1450 Nachfolger von Lionello d' Este; erhielt 1452 vom Kaiser Friedrich III. den Titel eines Herzogs von Modena u. Reggio, und im April 1471 vom Papst Paul II. den eines Herzogs von Ferrara; † 20. August 1471.

[3]) Ercole d' Este, geb. 1433, seit 1471 Nachfolger seines Bruders Borso, † 25. Januar 1505.

[4]) Nachfolger seines Vaters Fil. Maria Sforza, wurde am 26. Dezember 1476 erdolcht.

[5]) Abgebildet bei Borsa l. c. p. 419.

[6]) Darunter: Philippi Mariae Vicecomitis ... vita (Muratori, Rer. Ital. script. XX, 1731, sp. 985—1020),
Vita Francisci Sfortiae ... 1401—1462 (ibid. XX, sp. 1023—1046).

[7]) Comoediae Aphrodisiae particulam ad te mitto, quam ut picturae

11. Leon Battista Alberti (1404—1477).[1])

Alberti entstammte einer vornehmen florentinischen Familie, die aber seit ca. 1390 in der Verbannung lebte und mit Cosimo de' Medici 1434 wieder in Florenz einzog.[2]) Im Exil wurde er am 18. Februar 1404[3]) zu Genua geboren, woselbst auch seine Eltern im Mai 1408 die rechtmässige Ehe eingingen. Er studierte seit 1421 zu Bologna die Rechte, trieb später vorzugsweise Mathematik und Physik, und nahm schliesslich wie so viele Humanisten die geistlichen Weihen, um im Genuss der Pfründen (u. a. eines Kanonikats in Florenz) sorgenloser seine geistige Wirksamkeit zu erweitern. Als päpstlicher Abbreviator folgte er Eugen IV., der Rom in Folge der dort ausgebrochenen Revolution am 4. Juni 1434 hatte verlassen müssen, nach Florenz, wo er jenen bekannten poetischen Wettstreit über „die wahre Freundschaft" anregte, der am 22. Oktober 1441 im Dome stattfand.[4]) Er präsentierte bei demselben seinen Dialogo dell' Amicizia, der das 4. Buch seiner Schrift „Della Famiglia" bildet[5]), und ein Gedicht von 16 italienischen Hexametern, erhielt aber —

in modum, in qua solita colorum lenocinia nondum adjecta sunt, intuearis velim, quippe diligentius emendare et corrigere est animus (Tiraboschi XIV. p. 969). — Vgl. Creizenach I, p. 564.

[1]) Ueber ihn s. Vita Leonis Baptistae Alberti (Muratori, Rer. Ital. script. XXV, 1751, sp. 295—304; P. Pozzetti, L. B. Alberti laudatus. Florentiae 1789; Tiraboschi XIII, p. 556—573; G. Mancini, Vita di Leon Battista Alberti. Firenze 1882; H. Janitschek, Alberti-Studien (Repertorium f. Kunstwissenschaft. Bd. 6. Berlin u. Stuttgart 1883 p. 38—53); A. Springer, Bilder aus d. neueren Kunstgesch. 2. verb. Aufl. Bonn 1886. Bd. I. p. 257—296; Gaspary II, p. 186—193; Voigt I, p. 370—376. Vgl. auch Rösler p. 185—214.

[2]) Aufgehoben war die Verbannung der Alberti bereits im Oktober 1428; 1434 erhielten sie auch die Fähigkeit wieder, Staatsämter zu bekleiden.

[3]) s. G. S. Scipioni, L'anno della nascita di L. B. Alberti (Giornale storico della letteratura italiana. Vol. XVIII. Torino 1891 p. 313—319).

[4]) Vgl. A. v. Reumont, Lorenzo de' Medici. Bd. I. Leipzig 1874 p. 590 f.

[5]) s. L. B. Alberti Opere volgari ed. A. Bonucci. Tom. II. Firenze 1844 p. 375—481. Die drei ersten Bücher (s. Rösler p. 190—212) waren 1434—1438 entstanden.

ebensowenig wie Dati[1]) und die 6 anderen Bewerber — den als Preis ausgesetzten silbernen Lorbeerkranz, der von den Richtern dem Domschatze überwiesen wurde. Mit dem Papst am 28. September 1443 wieder in Rom eingezogen, hielt sich Alberti meistenteils in dieser Stadt auf, auch nachdem er durch die von Paul II. i. J. 1464 angeordnete Aufhebung des Abbreviatoren-Kollegiums[2]) sein Amt bei der Kurie verloren hatte. Alberti zeichnete sich in allen Leibes- und Geistesübungen aus, erfand Maschinen und Instrumente, leitete die Bauthätigkeit des Papstes Nicolaus V.[3]) und bot seine Dienste als Architekt auch verschiedenen italienischen Fürsten. Seine zahlreichen Schriften gehören den verschiedenartigsten Litteraturzweigen an und sind eine reiche Fundgrube der Lehrweisheit; als sein wissenschaftliches Hauptwerk werden gewöhnlich die 10 Bücher über die Baukunst[4]) bezeichnet, über deren letzte Feile ihn 1477 zu Rom der Tod ereilte.

Als zwanzigjähriger Student in Bologna dichtete er die heimlich von einem Freunde abgeschriebene und als Werk eines sonst unbekannten römischen Dichters Lepidus[5]) verbreitete Fabel

Philodoxios. — 1424.

Ausgaben:

a) Lepidi comici veteris Philodoxios fabula ex antiquitate eruta ab Aldo Manuccio. Lucae, s. typ., 1588. 24 Bll. 8°. — (K. B. Berlin.)

Nach einer entstellten älteren Handschrift mitgeteilt und dem Professor des Griechischen Ascanius Persius zu Bologna unterm 20. Oktober 1587 gewidmet.[6])

---

[1]) s. unten Nr. 19.

[2]) s. L. Pastor, Gesch. der Päpste seit dem Ausgang des Mittelalters. Bd. II. Freiburg i. B. 1889 p. 289 f.

[3]) Ueber dieselbe s. Pastor l. c. Bd. I, 1886, p. 385—404.

[4]) Erster Druck: L. B. Alberti, De re aedificatoria libri X ed. Angelus Politianus. Florentiae, impr. opera M. Nicolai Laurentii Alemani, 1485 quarto Kal. Jan. 2° (Hain * 419; Spirgatis-Leipzig: 60 ℳ.)

[5]) Diesen Namen schien sich der Verfasser im Prolog beizulegen (Voigt II, p. 408).

[6]) Diese Widmung, das Personenverzeichnis, das Argument und der

b) Philodoxios Leonis Baptistae Alberti fabula, jam sub lepidi antiqui comici nomine pervagata ab Anicio Bonutio Med. Dr. ex originali Ataestino nunc primum eruta atque suo auctore restituta (= Leon Batt. Alberti, Opere volgari ed. Anicio Bonucci. Tom I. Firenze 1843 pag. CXXX—CLXVI).
> In der von Alberti 1434—1436 vorgenommenen Umarbeitung nach dem Leonello d'Este im Oktober 1436[1]) gewidmeten Exemplare[2]), mit einer Vorrede (Bonucci l. c. p. CXXI—CXXV), in der Alberti sich als Verfasser bekennt und die Schicksale des Stückes erzählt.

Vgl. Albrecht v. Eyb, Margarita poetica[3]) Pars II, cap. 15: De auctoritatibus ac sententiis ex Philodoxios Caroli Aretini[4]) collectis.

Komödie in Prosa (20 Scenen), doch in der dramatischen Entwicklung sich ganz Terenz anschliessend.

Inhalt: Der edelgesinnte Philodoxus und der reiche, aber brutale und aufgeblasene Fortunius bewerben sich mit Hülfe ihrer Sklaven Phroneus und Dynastes um die schöne Athenerin Doxia. Der Erstere trägt ihr schüchtern seinen Wunsch vor und bricht, als jemand herannaht, rücksichtsvoll die Unterredung ab. Fortunius dagegen will sie entführen, schleppt aber anstatt ihrer ihre Schwester Phemia fort. Seine Mutter Tychia verspricht dem von Philodoxus herbeigeholten Chronos, Doxia's Vater, dass ihr Sohn Phemia hei-

---

Prolog sind abgedruckt von W. Beloe, Anecdotes of literature and scarce books. Vol. V. London 1811 p. 262—267.

[1]) Die Kurie Eugen's IV., zu der Alberti gehörte, weilte seit dem 18. April 1436 in Bologna, seit Januar 1438 in Ferrara, wohin das Baseler Konzil verlegt war, und erst seit Januar 1439 wieder in Florenz (v. Reumont l. c. I, p. 171 f.).

[2]) Eine anders als bei Pozzetti l. c. und Bonucci pag. CXX f. lautende Widmung enthält Cod. 2509 der Wiener Hofbibliothek.

[3]) Von diesem 1459 abgeschlossenen Handbuche der Rhetorik und Stilistik sind 15 Drucke aus d. J. 1472—1503 bekannt, die M. Herrmann, A. v. Eyb. Berlin 1893 pag. 208—213 nachweist und beschreibt.

[4]) Dem Carolus Aretinus (Carlo Marsuppini, 1399—1453) von Eyb auch fälschlich in dem Augsburger Codex 126 (fol. 83—97) zugeschrieben. Nur Eyb's Angabe wiederholt H. Schedel (Vgl. O. Francke, Terenz etc. Weimar 1877 pag. 51).

raten werde, und Philodoxus erhält die Hand seiner Doxia. Das Stück soll nach der Vorrede lehren, dass „der strebsame und eifrige Mann nicht minder als der Reiche und vom Glücke Begünstigte Ruhm gewinnen könne". Vgl. Chassang p. 81—90; Springer l. c. I, p. 265f.; Creizenach I, p. 546—548.

12. Janus.[1]) — 1427.

Noch ungedruckte Komödie. — Handschriftlich in der Bibliothèque nationale zu Paris (Nouv. Acq. Lat. 1181) mit dem Schluss: „Ex Papia, 1427, ydus majas apud ruvalecham. Amen."

Inhalt: Sacerdos Janus libidine flagrans servulum Dolosmum pedicare vult. is rem palam facit. Sanutii suasu et astu ad pedicandum Janus deducitur; is deprehenditur, in carceres traditur, demum sibi ignosci deprecatur, simbolum solvit (d'Ancona II, p. 62). — Vgl. Creizenach I, p. 551 f. Denselben Gegenstand hat 10 Jahre später Mercurius Rantius nochmals in ganz ähnlicher Weise behandelt.

13. Gregorio Corraro (1411—1464).[2])

Corraro, als Sohn einer alten Patrizierfamilie ums Jahr 1411 zu Venedig geboren, besuchte von 1425—1429 die Erziehungsanstalt Vittorino's da Feltre[3]) in Mantua und ging dann nach Rom zu seinem Oheim, dem Kardinal Antonio Corraro, einem Neffen Gregor's XII. Auf Zureden Martin's V. (1417—1431) 1431 in den geistlichen Stand getreten, wurde er bald darauf von Eugen IV., einem Vetter seines Vaters, zum apostolischen Protonotar ernannt, der ihm sicherlich auch den Kardinalshut verliehen hätte, wenn er dessen Gunst nicht durch seine auf dem Baseler Konzil am 11. Oktober

---

[1]) Hier nach der Hauptperson des Stückes benannt; in der Handschrift ist ein Titel nicht angegeben.

[2]) Ueber ihn s. Cloetta II, p. 148—158; Voigt II, p. 31—34; Rösler p. 125—129.

[3]) Eigentl. Vittorino Rambaldoni aus Feltre (1378—1446). — Ueber ihn s. Voigt I, p. 533—544; Rösler p. 101—125.

1433 zur Begrüssung Kaiser Sigismund's gehaltene Rede für immer verscherzt hätte. So lange Eugen IV. in Florenz residierte, also vom Juni 1434 bis zum September 1443, verblieb auch Corraro mit seinem Oheim daselbst; dann begaben sich beide nach Padua, wo der Kardinal Antonio 1445 verschied. Seitdem wurde die Abtei von S. Zenone zu Verona, deren Einkünfte ihm überwiesen waren, Corraro's Lieblingsaufenthalt, den er nur selten mit Venedig und vielleicht auch Padua vertauschte. Nachdem er schon wiederholt vergebens zu hohen kirchlichen Ämtern vorgeschlagen, bestätigte ihn endlich Paul II. (1464—1471) im Herbst 1464 als Patriarch von Venedig; doch noch ehe er diese Stelle angetreten, starb er in seiner Abtei zu Verona am 19. November 1464.

Bereits in seinem achtzehnten Jahre hatte er zu Mantua gedichtet

Progne. — 1428/29.[1])

Ausgaben:
  a) Progne Tragoedia, nunc primum edita. In Academia Veneta, 1558. 30 Bll. (d. l. Bl. leer) 4°. — (K. B. Berlin; U. B. Göttingen; H. B. Wien).
    Von dem Herausgeber „Joannes Riccius, legum Doctor, Venetus Academicus" dem spanischen Gesandten in Rom Francisco Varga gewidmet. (Vgl. Cloetta II, 160 Anmerk. 3) und in 825 Exemplaren gedruckt.[2])
    Ohne Einteilung in Akte und Scenen.[3])
  b) Progne Tragoedia nunc iterum edita. Romae excud. Mascardus 1638. 4°.[4])
    Mit Ricci's Widmungsbrief.

Ausführlicher Auszug (406 Verse):
  G. N. Heerkens, Icones. Ultrajecti 1787[5]) p. XI—XCIV.

---

[1]) Vgl. Dav. Chr. Grimm, Tragoedia vetus latina Tereus deperditarum XV soror. (Progr.) Annaberg 1790; Cloetta II, p. 158—221.

[2]) s. Fr. A. Ebert, Allg. bibliogr. Lexikon. Bd. 2. Leipzig 1830 sp. 523.

[3]) In der Handschrift der Breslauer Stadtbibliothek (Cod. Rhediger 118), einer Abschrift des in der Markusbibliothek zu Venedig (Cod. lat. XII, Nr. 155) befindlichen Originals, in 5 Akte geteilt.

[4]) J. Ch. Brunet, Manuel du libraire etc. 5. édit. Tome 4. Paris 1863 sp. 898.

[5]) Neue Titelausgabe: Paris 1788.

Italienische Übersetzung in Versen:
Progne Tragedia di M. Lodovico Domenichi. All' Illustre et
 Reverendo Signore, il Signor Giannotto Castiglione. In
 Fiorenza appresso i Giunti 1561. 68 Seit. 8°. — (H. B. Wien.)
> Von Domenichi als eigene Arbeit ausgegeben (Napoli-Signorelli III, p. 51) und unterm 22. Februar 1561 dem Giannotto Castiglione gewidmet.

Tragödie in 1066 bezw. 1063 Versen (meist jamb. Trimetern) incl. Chorgesänge nach Seneca[1]) und Ovid (Metamorph. VI, 424—674), an deren Aufführung Corraro aber nie gedacht.

Inhalt: Akt I. Der Geist des Thracierkönigs Diomedes kündigt neue Verbrechen seines Hauses an. Akt II. Sein Nachkomme Tereus freut sich der Heimkehr und will durch Lügen seine kürzlich begangene Unthat verbergen. Er erzählt seiner ihn begrüssenden Gattin Progne, dass ihre von ihm aus Athen geholte Sshwester Philomela unterwegs der Seekrankheit erlegen und ihr Gefolge mit Ausnahme des greisen Pistus, der sich aus Schmerz den Tod gegeben, zu ihrem Vater Pandion zurückgekehrt sei, und lässt die ohnmächtig zusammengebrochene Frau von ihren Dienerinnen ins Schlafgemach tragen. Akt III. Pistus teilt der ihn häufig unterbrechenden Königin mit, dass Tereus seine jetzt in einer Höhle bewachte Schwägerin geschändet und der Zunge beraubt, ihre Begleiter aber getötet habe; nur er sei entkommen. Progne verflucht ihren Mann, befreit als Bacchantin die Schwester und droht, Tereus zu töten oder, noch besser, ihm seinen Sohn Itys als Speise vorzusetzen. Die Vorstellungen ihrer Amme bleiben erfolglos. Akt IV. (86 bezw. 84 + 13 Verse). Ein Bote schildert dem Chor, wie Itys von seiner Mutter ermordet und mit Philomela's Hülfe als Speise zubereitet wird. Akt V. (106 bezw. 105 Verse ohne Chor). Der während des Festmahles von einer unerklärlichen Unruhe befallene Tereus fragt nach seinem Sohn und erfährt, was er gegessen. Über seine herzzerreissenden Klagen frohlockt die unmenschliche Progne. Vgl. Chassang p. 67—76; Cloetta II, p. 167—190; Creizenach I, p. 523 f.

---

[1]) Argumentum: „... Imitatur in hac tragoedia Senecam in Thyeste ..." (in den oben pag. 31 Anmerk. 3 genannten Handschriften).

14. Ugolino Pisani († vor 1462).[1]

Pisani, im Anfange des 15. Jahrhunderts zu Parma geboren, zeichnete sich schon in seiner Jugend im Studium der Geschichte, der Poesie und der Philosophie aus, widmete sich in Bologna und Pavia der Rechtswissenschaft und vermehrte seine Kenntnisse auch durch grössere Reisen, die ihn nach Griechenland, Macedonien, Bulgarien, Dalmatien und Deutschland führten. Von Kaiser Sigismund während dessen italienischen Aufenthalts (1431—1433) zum Dichter gekrönt, ging er 1435 nach Capua, um in den Dienst des Königs Alfonso[2]) zu treten, der damals Gaëta belagerte, und empfing vermutlich 1437 in Pavia die juristische Doktorwürde. Im Jahre 1441 hielt er sich zur Zeit des Konzils in Basel auf und begegnet uns zuletzt am Hofe Lionello's d'Este[3]), wo er, kaum 40 Jahre alt, schon Spuren einer Geistesstörung zeigte. Nach dem hierüber von Angelo Decembrio[4]) in seiner Politia literaria[5]) gegebenen Bericht hat er 1462 bei deren Überreichung an Pius II. schwerlich noch unter den Lebenden geweilt.

1) **P h i l o g e n i a.** — ca. 1432.

Alter Druck:

Ugolinus Parmensis, Philogenia comoedia. s. l., typ. et a. 30 Bll. 4° (Beschrieben von J. Ch. Brunet, Manuel du libraire. Tom. V. Paris 1864 sp. 1001).

    Bis jetzt in einer öffentlichen Bibliothek nicht nachgewiesen, so dass vor dem Erscheinen der von M. Herrmann beabsichtigten neuen Ausgabe[6]) des Stückes nur dessen handschriftliche Ueberlieferungen benutzt werden können.

---

[1]) Ueber ihn s. Jr. Affo, Memorie degli scrittori e letterati Parmigiani. Tom. II. Parma 1789 p. 169—174 e Tom. VI parte 2, contin. da A. Pezzana, 1827, p. 163 ff.; Tiraboschi XV, p. 1172; Creizenach I, p. 552—555.

[2]) Seit 1442 als Alfonso I. König von Neapel, † 27. Juni 1458. — Ueber ihn s. M. v. Wolff, Lorenzo Valla. Leipzig 1893 p. 54 ff. u. M. v. Wolff, Leben u. Werke des Ant. Beccadelli. Leipzig 1894 p. 45 ff.

[3]) Sohn und Nachfolger Niccolo's III. d'Este († 26. Dez. 1441), regierte von 1441—1450 und starb am 1. Oktober 1450.

[4]) Bruder des oben (Nr. 10) genannten Pier Candido Decembrio.

[5]) Basileae 1527. Lib. V, p. 452 ff.

[6]) In den Lat. Litteraturdenkmälern des 15. u. 16. Jahrh.

Handschriften:
a) Stadtb. Augsburg, Cod. 126 fol. 63—83 (von A. v. Eyb geschrieben).
b) H. B. München, Cod. lat. 650 fol. 197—226 (1485 von Hartmann Schedel nach a kopiert).
c) — — Cod. lat. 72 fol. 124—132 (von H. Schedel geschrieben).[1])
d) — — Cod. lat. 15737 fol. 1—8 (am Ende defekt).
e) Basel, Oefftl. Bibl., Aa IV. 36.
f) Modena, Bibl. Estense, VI. E. 14.
g) Nikolsburg i. Mähren, Fürstl. Dietrichstein'sche Bibl., Cod. 51 fol. 133—143.
h) Paris, Bibl. nat., Cod. 8364.
i) Rom, Bibl. Vatic., Cod. 2915 (geschr. 1478) u. s. w.

Vgl. A. v. Eyb, Margarita poetica, Pars II, cap. 17: De auctoritatibus ac sententiis receptis ex Comoedia Philogenia Ugolini Parmensis.

Deutsche Übersetzung in Prosa (17 Scenen) von Albrecht von Eyb (ca. 1472/3)[2]):
a) Spiegel der sitten ... Dabey auch nachvölgklich [2] Comedien Plauti[3]) ... und Philegenia Ugolini ... Nach vermuttung ... Albrechts von Eybe. Augspurg, Joh. Rynman, 1511 am Abent Mathei des hl. Apostels u. Evang. (2°. K. B. Berlin, K. B. Dresden, Frauenfeld, H. B. Gotha, U. B. Göttingen, Br. M. London, H. B. u. U. B. München, U. B. Strassburg, K. B. Stuttgart, Stolb. B. Wernigerode, H. B. Wien, H. B. Wolfenbüttel, Stadtb. Zürich), fol. 159—171.
b) Zwo Comedien des ... Plauti ... Nachvolgent ein Comedien Ugolini, Philegenia genannt. Geteüwtscht

---

[1]) Titel u. Argument abgedr. von O. Francke, Terenz etc. Weimar 1877 p. 52.

[2]) Vgl. auch: O. Günther, Plautuserneuerungen in der dtsch. Litteratur des 15—17. Jahrh. (Inaug.-Diss.) Leipzig 1886 p. 1—18; J. Fey, Albr. v. Eyb als Uebersetzer. (Inaug.-Diss.) Halle 1888; M. Herrmann, Alb. v. Eyb. Berlin 1893.

[3]) Menaechmi u. Bacchides.

durch ... Albrecht von Eybe. Augspurg, s. typ. (Marx Würdung), 1518 (4°. K. B. -Berlin, Frauenfeld, U. B. Göttingen, Br. M. London, U. B. Marburg, H. B. Wolfenbüttel, H. B. Wien), fol. K$_4$—O$_4$.

c) [Zwo] Comedien Plauti ... Nachvolgent ein Comedien Ugolini Philegenia genannt. Geteutscht durch... Albrecht von Eybe. Augspurg, Hainrich Steyner, 1537. 5 Julij (4°. H. B. Darmstadt, U. B. Königsberg, H. B. München), fol. M$_2$—Q$_4$.

d) (Joh. Pauli), Schimpff unnd Ernst[1]) ... Hiebey sein auch die [2] Comedien Plauti ... unnd Philogenia Ugolini ... durch ... Albrechten von Eybe ... auss dem Latein ins Teutsch gebracht. Franckfurt zum Bock, Cyriacus Jacobus, 1550 (2°. K. B. Berlin, H. B. München, H. B. Wolfenbüttel), fol. 106—115.

e) Deutsche Schriften des Albr. von Eyb. Hrsg. u. eingel. von M. Herrmann. Bd. II. (= Schriften zur germ. Philologie. Heft 5) Berlin 1890 pag. 117—156.

Eyb's Übersetzung brachte Martin Glaser[2]) in Verse:
Ein Comedi und Fassnacht Spil, welchs sagt von einer Junckfrawen, die zu bösen Ehren beredt wurd und letstlich einem Baurn für ein Junckfrawen gegeben. s. l. et typ. 1552. 39 Bll. 8°. — (K. B. Berlin; H. B. München).

    In 4 Akte mit 2, 4, 3 bezw. 2 Scenen geteilt. — Vgl. Herrmann, Eybs Schriften II, p. XXXV—XLIII.

Komödie in Prosa ohne Einteilung in Akte, mit einigen Entlehnungen aus Seneca[3]).

Inhalt: Der verliebte Epifebus bittet Philogenia um Einlass und überredet sie schliesslich, das elterliche Haus durch ein

---

[1]) Pauli's Schimpf u. Ernst erschien zuerst 1522 bei Joh. Grieninger in Strassburg (Neu hrsg. von H. Oesterley in d. Bibl. des litter. Vereins in Stuttgart. 85. Stuttgart 1866); doch sind den Ausgaben vor 1550 Eyb's 3 Komödienübersetzungen nicht beigegeben.

[2]) Diener u. Kanzleiverwandter des Nürnberger Rats, 1564 seines Amts en setzt, 1575 Hofgerichtsbote.

[3]) s. R. Peiper i. Rheinischen Museum für Philologie. N. F. Bd. 32. Frankfurt a. M. 1877 p. 537.

Fenster zu verlassen. In Folge der Nachforschungen ihres Vaters muss sie die Wohnung ihres Geliebten mit der seines Freundes Eufonius vertauschen, wo sie einen langen kläglichen Monolog hält. Doch auch hier ihre Entdeckung fürchtend, beschliessen Epifebus und Eufonius, sie zu verheiraten. Nachdem sie das Mädchen für ihren Plan gewonnen, schwatzt Eufebius dasselbe dem Bauern Gobius auf und trifft auf dem Heimwege die beiden Kupplerinnen Servia und Irtia, die sich dem Bräutigam gegenüber als Pflegemutter und Tante Philogenia's ausgeben und letzterer ihre Rolle für den Hochzeitstag einstudieren sollen. Sie führen sie, damit sie vorher beichte, zu dem Pater Prodigius, der ihr verschiedene Fragen vorlegt und dann ihre Schuld vergiebt. Zum Schluss wird die Hochzeit gefeiert, und Philogenia erheuchelt einen rührenden Abschied von ihrer vermeintlichen Pflegemutter. (Chassang p. 91—98; Creizenach I, p. 555—557).

2) Confabulatio coquinaria. — 1435.

Noch ungedruckt. — Handschriften:

a) Hugolini Parmensis Opusculum de coquinaria confabulatione ad Leonellum (Bibl. nat. Paris, Cod. 6438).

b) Drama comicum, cujus titulus: Repetitio egregii Zanini Coqui, magistrandi: authore Hugolino, Parmensi (Bibl. nat. Paris, Cod. 6120).

c) Martulibus (de) Zaninus coquus Hugonis de Piscariis de Parma. Repetitio recitata in scholis publicis Papiae juris Imperatorii 1435, die jovis, quam pinguem et gulosam vocamus die 24. februarii (Markusbibl. Venedig, Cod. 145).[1]

Ein Paveser Studentenscherz, in dem der Koch Zaninus mit allen Förmlichkeiten einer richtigen Promotion zum Magister der Kochkunst erklärt wird. — Näheres s. Creizenach I, p. 549 u. 554.

---

[1] Vgl. Affo-Pezzana l. c. VI² p. 165.

15. Gregor von Sanok († 1477).[1]

Sanok, zu Anfang des 15. Jahrhunderts im galizischen Kreise Sanok (wonach man ihn zu nennen pflegt) geboren, begann im zwölften Lebensjahre seine Studien in Krakau, reiste dann fünf Jahre in Deutschland umher und liess sich im Winter 1428 an der Hochschule zu Krakau immatrikulieren. Hier wurde er 1433 zum Baccalaureus, 1439 zum Magister artium promoviert, und hielt vor zahlreichen, auch älteren Zuhörern Vorlesungen über Vergil's Bucolica und Georgica, Juvenal's Satiren und des Plautus Komödien, dichtete Epitaphien etc. Obgleich er von Papst Eugen IV., den er in Florenz aufgesucht, die in der Nähe von Krakau gelegene Propstei Wieliczka erbeten und erhalten hatte, verweilte er von 1440—1450 in Ungarn im Gefolge Wladislaw's III.[2], am Hofe Johann Hunyadi's[3] und beim Bischof Johann Vitéz von Grosswardein[4]. Erst die Nachricht von einer anderweitigen Übertragung seiner Pfründe Wieliczka bestimmte ihn nach Polen zurückzukehren, wo das Erscheinen des Totgeglaubten grosses Aufsehen erregte. Wieliczka blieb für ihn verloren; aber schon 1451 wurde er zum Erzbischof von Lemberg geweiht. Als solcher entfaltete er eine für das durch häufige Tartareneinfälle arg zerrüttete Land äusserst segensreiche Thätigkeit, bis ihn am 29. Januar 1477 ganz unvermutet der Tod zu Bohatin ereilte.

Während seines zweiten Krakauer Aufenthaltes soll er nach dem Bericht seines Biographen Filippo Buonaccorsi (genannt Callimachus, 1437—1496)[5] auch eine

---

[1] Ueber ihn s. Ph. Callimachi Vita et mores Gregorii Sanocei ed. L. Finkel (aus Monumenta Poloniae historica. Bd. VI). Leopoli 1891; H. Zeissberg, Die polnische Geschichtsschreibung des Mittelalters (= Preisschr. der Fürstl. Jablonowski'schen Gesellschaft XVII). Leipzig 1873 p. 344—349.

[2] † 10. November 1444 in der Schlacht bei Warna.

[3] Geb. 1387, von 1446—1452 Gubernator von Ungarn, gest. 11. August 1456.

[4] Erwählt 4. Juni 1445, seit 15. Mai 1465 Erzbischof von Gran, 1471 Kardinal, gest. 11. August 1472.

[5] Callimachus l. c. Cap. V f. — Ueber Buonaccorsi s. Zeissberg l. c. p. 349—403.

Plautinische Komödie — vor 1440
nachzubilden versucht haben, von der uns aber nicht einmal
der Titel überliefert ist. Vgl. Creizenach I, p. 571 f.

16. Mercurius Rantius (Roncius)

aus Vercelli, nach Creizenach I, p. 550 zweifellos jener
Ranzio Mercurino, der 1441 Richter in Turin war und
vermutlich 1469 gestorben ist.[1])

De falso hypocrita. — 1437.

Noch ungedruckt. — Vgl. aber A. v. Eyb, Margarita
poetica, Pars II, cap. 16: De auctoritatibus ac sententiis
sumptis ex Comoedia de falso Hypocrita et tristi Mercurii
Ronçii Vercellensis.

Handschriften:
a) Nova Comedia de falso Ipocrita. [Am Ende:] Acta studiis
  Papiensibus 1437 die 15. Aprilis (Stadtb. Augsburg,
  Cod. 126 fol. 97—105).
  Geschrieben von A. v. Eyb, der selbst von 1444—1447 und
  ca. 1455 in Pavia studiert.
b) Elegans et nova Comedia de falso ypocrita. [Am Ende:]
  Acta studiis Papiensibus a. 1437 die 15. apprilis
  (H. B. München, Cod. lat. 650 fol. 247—258).
  Eine 1485 von dem Nürnberger Arzt und Humanisten Hartmann Schedel (1440—1514) angefertigte Abschrift von a.[2])
c) Elegans et nova Comedia de falso hypocrita. [Am Ende:]
  Acta studiis Papiensibus 1437 die 15. Apprilis (H. B.
  München, Cod. lat. 72 fol. 138—141).
  Gleichfalls von Hartmann Schedel geschrieben.

Komödie in Prosa. — Inhalt: Der Sakristan Frazenon (Fra
Zenone?), ein Päderast, umwirbt den Parasiten Zelmius, der

---

[1]) s. de Gregory, Storia della letteratura Vercellese. I. Turin 1819 p. 479.
— C. Gesner, Bibliotheca universalis. Tiguri 1545 pag. 510: „Mercurius
Ronzius scripsit Tragoedias quasdam, unde aliquot gnomas decerpsit Albertus de Eyb."

[2]) s. M. Herrmann, Albr. v. Eyb. Berlin 1893 pag. 155 f. — Ueber
Schedel s. W. Wattenbach (Allg. Dtsch. Biographie. Bd. 30. Leipzig 1890
pag. 661 f.)

davon den Linius und dessen Freunde benachrichtigt. Linius spiegelt dem Frazenon vor, dass er demselben Laster fröhne, und verabredet mit ihm eine Zusammenkunft, bei der sie von den im Einverständnis mit Linius handelnden Freunden überrascht werden. Diese lassen den Linius entflichen, den Frazenon aber Besserung schwören, was denselben jedoch nicht hindert, den Linius, dem er noch immer vertraut, um Fortsetzung der Sünde zu bitten (Creizenach I, p. 550 f.).

17. Canichiolus. — vor 1451.

Noch ungedruckt.

Handschriften:

a) Conquestio uxoris Canichioli Papiensis ad ipsum Canichiolum quod non ei obsequeretur et non daret operam liberis (K. B. Augsburg. Cod. 128 fol. 100—103a).
Von Albr. v. Eyb um d. J. 1451 in Bologna geschrieben.

b) Questio cuiusdam sponse ad Canichiolum maritum suum civem papiensem. [Am Ende:] Explicit quoddam opusculum Canichioli papiensis (H. B. München, Cod. lat. 418 fol. 140—142).

c) — —[1]) (H. B. München, Cod. lat. 459 fol. 188—190).

Dialog in Distichen. — Inhalt[2]): Die Frau des Paveser Bürgers Canichiolus beklagt sich bitter, dass ihr Mann seine ehelichen Pflichten nicht erfülle, während er seine grössere Neigung für schöne Jünglinge zu erkennen giebt; sie einigen sich endlich dahin, sich einen gemeinsamen Liebhaber zu halten. (M. Herrmann, Albr. v. Eyb. Berlin 1893 p. 89). — Vgl. Creizenach I, p. 549.

18. Avorieta. — um 1450.

Noch ungedruckt.

Handschrift: Avorieta. Setius, Fulanus. Ranthius[3]). [Schluss:] ... adolescentes denique plaudite dixi. Explicit quod-

---

[1]) Titel und Schluss wie in b.
[2]) Vgl. Giovanni Boccaccio (1313—1375), Decameron. Giorn. V, nov. 10.
[3]) Wegen dieses Namens (s. Nr. 16) von Creizenach I, p. 549 für einen Paveser Fastnachtsscherz gehalten.

dam pulcrum Comicum. (H. B. Wien, Cod. 3123 fol. 130 v. — 131 v.).

Geschrieben von Georg Schilher[1]) von Geiselhöring zwischen 1492 u. 1500.

Dialog in Prosa. — Inhalt: Die vorgeführten Personen, hauptsächlich Avorieta und Fulanus, benutzen das Fastnachtsfest (carnisbrenii festum) zu mitunter recht derben Scherzen.

19. Leonardo Dati (1408—1472).[2])

Dati, 1408 zu Florenz geboren, betrieb dort unter Ambrogio Traversari's[3]) Leitung das Studium des Griechischen, worin er sich noch bei Carlo Marsuppini[4]) vervollkommnete, und hörte auch im Hause des Niccolo de' Niccoli[5]) die Vorlesungen des Zomino (Sozomenus) von Pistoja[6]) über Grammatik und Rhetorik. Nach empfangener Priesterweihe wurde er 1432 Sekretär des Kardinals Giordano Orsini und nach dessen Tode († 1438) für einige Jahre Sekretär des Kardi-

---

[1]) Wohl identisch mit dem schwäbischen Meistersänger dieses Namens, über den G. Roethe in d. Allg. Dtsch. Biographie XXXI, 1890, pag. 210 handelt. Von seiner Hand ist u. a. auch die unter Nr. 23b genannte Abschrift der Cauteraria und ein von J. Bolte benutzter Text der Comoedia Bilae (s. Nr. 29a) angefertigt.

[2]) Ueber ihn s. Tiraboschi XV, p. 1217; Fr. Flamini, Leonardo di Piero Dati (Giornale storico della letteratura italiana. Vol. XVI. Torino 1890 p. 1—107); Voigt II, 79 f.

[3]) Camaldulensermönch, geb. 1386 zu Portico, seit Oktober 1431 General des Ordens, gest. 1439, war ein Schüler von Manuel Chrysoloras und sammelte und studierte besonders die griechischen Autoren der Kirche. Vgl. A. v. Reumont, Lorenzo de' Medici. Bd. I, p. 538 f.; Geiger p. 95 f.; Voigt I, p. 314—322.

[4]) Geb. 1399 zu Arezzo, seit 1434 Lehrer der lat. Eloquenz und griech Sprache in Florenz, durfte ausnahmsweise seine Vorlesungen auch als Kanzler fortsetzen. Vgl. v. Reumont l. c. I, p. 541 f.

[5]) Geb. 1364, Autorität in allen litterarischen Angelegenheiten, Besitzer der grössten Bibliothek in Florenz, die bei seinem Tode († 4. Febr. 1437) 800 Bände zählte und jedermann offen stand. Vgl. v. Reumont l. c. I, p. 539 ff. u. 574 f.; Geiger p. 92 ff.; Voigt I, p. 296—306.

[6]) Geistlicher aus Pistoja, gest. 1458, hinterliess seiner Vaterstadt 116 lat. und griech. Handschriften.

nals Francesco Condolmieri, des Nepoten Eugen's IV. Später fristete er ziemlich kümmerlich sein Dasein, bis ihn Nikolaus V. am 7. Mai 1450 zum päpstlichen Sekretär ernannte. Als solcher diente er auch den drei folgenden Päpsten, und Paul II. (1461—1471), der ihm ausserordentlich gewogen war, erhob ihn sogar am 17. August 1467 zum Bischof von Massa. Ein heftiges Fieber, das er sich zugezogen, machte in den ersten Tagen des Januar 1472 in Rom seinem Leben ein Ende. — Für die zweite, jedoch nicht zustande gekommene Academia Coronaria [1]), in der der Neid besungen werden sollte [2]), schrieb er seinen

Hiempsal. — 1441/42,

eine noch ungedruckte Tragödie in 5 Akten (Versen) mit je einem Chor, dem Papst Eugen IV. (1431—1447) gewidmet. Handschriften: Paris, Bibl. nat., Cod. 8362,
Rom, Bibl. Chigiana, I. V. 194.

Inhalt: Hiempsal ist eifersüchtig auf seinen Vetter Jugurtha, mit dem er neben seinem Bruder Adherbal die Herrschaft über Numidien teilen soll, und wird schliesslich von dem gereizten Jugurtha ermordet. Vgl. Flamini l. c. pag. 38—45 und Creizenach I, pag. 527 f., der weiterhin bemerkt: „Da alle übrigen Gedichte für die Wettkämpfe italienisch geschrieben sind und da Dati auch den ersten Teil seines... Gedichtes von der Freundschaft [4]) späterhin ins Lateinische

---

[1]) Auch von Alberti (s. Nr. 11) angeregt.

[2]) Die Vorrede besagt: „Per hanc historiam ipsa de qua secundo in coronario disceptaturi sumus invidia describitur."

[3]) Ueber seinen Plan sagt der Verfasser: „Sunt actus quinque. Primo dicimus quid qualisve sit invidia; secundo quid ea possit in animis eorum quibus insit; tertio quales sint invidi erga eos quibus invident; quarto quales reddat invidia eos quos invidi lacesserint; ultimo quantis malis invidia ipsa universum genus hominum afficiat." (d'Ancona II, p. 2).

[4]) Dies Gedicht, das Dati 1441 für den ersten poetischen Wettkampf verfasst hatte, und die von L. B. Alberti am selben Tage vorgetragenen 16 italienischen Hexameter sind „wohl die ersten Versuche, die klassischen Versmasse für die italienische Dichtung zu verwenden ... Dati u. Alberti

übersetzte, so hat man vermutet, auch dem Hiempsal liege ursprünglich eine italienische Fassung zu Grunde. Falls dies richtig ist, so wäre diese verloren gegangene italienische Fassung die erste Tragödie in einer neueren Sprache." Doch solange Beweise dafür nicht erbracht und nicht einmal die dagegen geäusserten Bedenken widerlegt worden sind, muss der lateinische Text als das Original gelten, dessen Umarbeitung ins Italienische vielleicht beabsichtigt war.[1])

20. Antonio Tridentone.[2])

Tridentone, aus Parma gebürtig, scheint seit 1442 geistlichen Studien in Bologna obgelegen zu haben und dann nach Rom gegangen zu sein. Hier begegnet er uns 1443 als eifriger Freund und Sammler lateinischer Dichtungen, und noch heute besitzt die Vatikanische Bibliothek mehrere einst ihm gehörige Handschriften; auf einer derselben (Cod. Vat. 1993) ist seinem Namen auch sein Wappen (Dreizack mit zwei Delphinen) beigefügt. Nachdem er von 1454—1456 Rhetorik und Poesie in Bologna gelehrt, ist er vermutlich nach Rom zurückgekehrt und wohl auch dem Papste Pius II., zu dessen Lobe er mehrere Verse gedichtet, 1459 an den Hof zu Mantua gefolgt, als dieser dort den Kongress zur Abwendung der Türkengefahr abhielt; ob er aber ein bestimmtes päpstliches Amt bekleidete, ist unbekannt. Ein gewisser Nicomaco nennt ihn 1456—1459 „Notariolus" (Cod. Vat. 4511), eine von Pezzana[3]) wiedergegebene Schlussschrift

---

setzen im allgemeinen einfach die Quantitäten der lateinischen Worte auch für die entsprechenden italienischen an, ohne Rücksicht auf die Veränderung der Laute, und es entstehen daher Verse, deren Rhythmus man sich erst in einer anderen Sprache suchen muss." (Gaspary II, p. 187).

[1]) Selbst wenn — wie man annimmt — für den Wettkampf nur italienische Dichtungen eingereicht werden durften, scheint nach dem in vorstehender Anmerkung Gesagten die Anfertigung einer lateinischen Vorarbeit nicht unbedingt ausgeschlossen.

[2]) Ueber ihn s. J. Affo, Memorie degli scrittori e letterati Parmigiani. Tom. II. Parma 1789 pag. 259—263 e Tom. VI, parte 2, contin. da A. Pezzana, 1827, pag. 202—207.

[3]) l. c. VI², pag. 947.

vom 10. Juli 1469 „Juris Doctor et Comes Palatinus ac Poeta Laureatus". Aus späterer Zeit wird von ihm nur noch berichtet, dass er im November 1470 als Domkustos in seiner Vaterstadt Parma weilte.

Fraudiphila. — ca. 1443.

Noch ungedruckte Handschrift: Incipit per me Antonium de Parma[1]) Comoedia quaedam, quam ab effectu rei Fraudiphilam nuncupavi. (Modena, Bibl. Estense IV. D. 21; 74 Bll. 4°. saec. XV.)
Komödie in Prosa, ohne Einteilung in Akte oder Scenen, mit nur wenigen Entlehnungen aus dem Wortschatze der lateinischen Komiker (Creizenach I, p. 562). Von Tridentone wohl während seiner Bologneser Studienzeit (zur Aufführung?) verfasst.

Inhalt[2]): Der widerliche Eganus argwöhnt ein Verhältnis seiner Gattin Florida mit Anichinus, einem jungen Manne, der ihretwegen sein Diener geworden, und sucht mit Hülfe seines tölpelhaften Sklaven Lino dem Liebespaar auf die Spur zu kommen. Auf Anraten ihrer Magd Silicerna setzt Florida selbst ihren Mann von des Anichinus Bewerbungen und einem verabredeten Stelldichein in Kenntnis. Anstatt ihrer erwartet der in die Kleider seiner Frau gehüllte Eganus den vorher unterrichteten Liebhaber und erhält von demselben die angeblich seiner Herrin, die er nur habe prüfen wollen, zugedachte Prügelstrafe, die ihm ein sicherer Beweis für die Treue des Dieners und der Frau zu sein scheint (Creizenach I, p. 561 f.).

Ein deutsches Gedicht ganz ähnlichen Inhalts[3]), das

---

[1]) Nach Pezzana (l. c. VI² p. 343) könnte auch Antonio Cornazzano aus Piacenza, ein Zeitgenosse von Ant. Tridentone, der Verfasser sein.
[2]) Vgl. G. Boccaccio, Decameron. Giorn. VI, nov. 7.
[3]) Betitelt: Der Mann (Knecht) im Garten; separat erschienen: Bamberg 1493 (4 Bll. 4°); abgedruckt: Bragur. Bd. 5. Abth. 1. Leipzig 1797 pag. 87—96 und Hans Sachs. Eine Auswahl... von J. A. Göz. Bd. III, Nürnberg 1829 pag. 170 ff.

bereits 1471 von der Augsburger Nonne Klara Hätzlerin[1]) in ihr Liederbuch aufgenommen wurde[2]), hat der Gelbgiesser Hans Rosenblüt (Schnepperer)[3]), Nürnbergs ältester bedeutender Dichter, verfasst.[4])

21. Francesco Ariosto († 1484).[5])

Ariosto, ein Vorfahr des grossen Dichters Lodovico Ariosto (1474—1533), war in den ersten Jahren des 15. Jahrhunderts in Ferrara geboren und einer der hervorragenderen Schüler Guarino's von Verona (1374—1460).[6]) Nachdem er Medizin und Jurisprudenz studiert, wurde er nacheinander Bürgermeister (Podesta) in mehreren italienischen Orten; in dieser Stellung tritt er auf 1446 in Bagnacavallo, 1460 u. 1461 in Castellarano, 1462 in Montecchio, 1467—1470 in Carpineto im Herzogtum Reggio und 1479 in Ficarolo in der venetianischen Provinz Rovigo. Schon in seinem 1460 geschriebenen und dem Herzoge Borso d'Este gewidmeten Traktat „De oleo Montis Zibinii" fühlt er sich alt, starb aber erst Ende März 1484 und wurde am 27. d. M. begraben.

Im dritten Jahre der Regierung Lionello's d'Este

---

[1]) s. K. Bartsch (Allg. Deutsche Biographie. Bd. XI, 1880, p. 36).

[2]) Liederbuch der Clara Hätzlerin. Hrsg. von K. Haltaus (= Bibliothek der ges. deutschen National-Litteratur. Bd. VIII). Quedlinburg und Leipzig 1840, pag. 290 ff.

[3]) Ueber ihn s. G. Roethe (Allg. Dtsch. Biogr. XXIX, 1889, p. 222—232).

[4]) Spätere Bearbeitungen: Vom alten Mann und seinem Weibe von Burkard Waldis (ca. 1490—1556); Le cocu battu et content von J. de Lafontaine (1621—1695); Der Kammerdiener von A. F. E. Langbein (1757—1835).

[5]) Ueber ihn s. Fr. Ariosti De oleo Montis Zibinii editus a Olig. Jacobaeo. Hasniae 1690; Tiraboschi XIII, p. 632 f.; E. Celani, La venuta di Bosco d'Este in Roma l'anno 1471 (Archivio della R. Società Romana di storia patria. Vol. XIII. Roma 1890 pag. 384—450).

[6]) s. C. Corvisieri im Archivio della Soc. Rom. di storia patria Vol. I, 1878, pag. 476. — Ueber Guarino, den Erzieher Lionello's d'Este und seit 1436 Professor der Beredsamkeit und beider alten Sprachen an der Universität Ferrara, s. Voigt I, p. 344 f., 547 ff. etc.; Rösler p. 131—163; R. Sabbadini, La scuole o gli studi di Guariano Guarini Voronese. Catano 1896.

wurde vor demselben zur Feier des Karnevals durch „maskierte Personen (Personatos)" aufgeführt Ariosto's

Isis. — 1444.[1])

Noch ungedruckt. — Handschriftlich in Modena, Bibl. Estense, Msc. I. X. 12.

Dialog in Hexametern und Distichen. — Inhalt: Nachdem Calliopius den Anwesenden den Dichter empfohlen und ein Herold um Ruhe gebeten, fragt der Jüngling Carinus die Buhlerin Isis nach dem Verbleib ihrer Verehrer; diese antwortet, dass sie bekehrt und der Herr der Welt jetzt ihr einziger Liebhaber sei. Darauf bemerkt der Herold, dass die alten Dichter nicht viele so moralische Stücke verfasst hätten und fordert zum Beifall auf. Die Rede des zuletzt noch auftretenden Schenken Pollidorus ist nicht angegeben (Creizenach l. c.).

22. Enea Silvio de' Piccolomini
(lat. Aeneas Sylvius, der spätere Papst Pius II, 1405—1464).[2])

Piccolomini war am 18. Oktober 1405 zu Corsignano (später Pienza) in Toscana geboren, studierte seit 1423 in Siena und Florenz Humaniora und Jurisprudenz, und fungierte während des Baseler Konzils (1431—1443) nach einander als Sekretär von vier Prälaten. 1442 im Gefolge der Konzilsgesandten zum Reichstage nach Frankfurt gekommen, wurde er von Kaiser Friedrich III. mit dem Dichterlorbeer gekrönt und zum Sekretär der Wiener Reichskanzlei ernannt. Als solcher nahm er 1444 auch an dem Reichtag zu Nürnberg teil und schrieb hier die Komödie Chrisis, sowie die

---

[1]) Vgl. Gaspary II, p. 209 u. 664; d'Ancona II, p. 132; Creizenach I, p. 581—583.

[2]) Ueber ihn s. G. Voigt, E. S. de' Piccolomini ... und sein Zeitalter. Bd. 1—3. Berlin 1856/63; K. Hase, Rosenvorlesungen kirchengeschichtlichen Inhalts. Leipzig 1880 p. 56—87; L. Pastor, Gesch. der Päpste seit dem Ausgang des Mittelalters. Bd. 1 u. 2. Freiburg i. B. 1886/89; Schaff p. 55—58.

üppige Liebesgeschichte von Euryalus und Lucretia[1]), deren Abfassung er später bitter bereute.[2]) Im März 1446 empfing er in Wien die Priesterweihe, und in Folge seiner mannigfachen Verdienste um Kaiser und Papst wurde er am 5. Juli 1447 Bischof von Triest, am 24. Oktober 1449 Bischof von Siena und am 17. Dezember 1456 Kardinal. Nach dem Tode des Papstes Calixtus III. am 19. August 1458 zu dessen Nachfolger erwählt, nahm er den Namen Pius II. an, starb aber schon am 15. August 1464 zu Ancona.

Chrisis. — 1444.

Ungedruckte Komödie in Versen, die sich — wie bei Vergerio — eigentlich nur durch die Zeileneinteilung von der Prosa unterscheiden.

Die einzige bekannte Abschrift befindet sich in der Fürstl. Lobkowitz'schen Bibliothek zu Prag (Cod. 624).

Inhalt: Die schon bejahrten Lebemänner (Kleriker) Dyophanes und Theobolus verabreden mit den Buhlerinnen Chrisis und Cassina eine Zusammenkunft. Da sie vergebens warten müssen und sich deshalb betrogen glauben, brechen sie ihr Verhältnis mit den Mädchen trotz deren Unschuldsbeteuerungen und der Vermittlungsversuche des jugendlichen Archimenides, der die Gunst einer befreundeten Genossin geniesst,

---

[1]) Vermutlich erster Druck: Enee Silvij poete Senensis de duobus amantibus Eurialo et Lucresia. opusculum ad Marianum Sosinum, s. l., typ. et a. (Coloniae, Ulr. Zell, ca. 1472), 36 Bll. 4° (Baer-Frankfurt: 60ℳ). Eine neue Ausgabe in den Lat. Litteraturdenkmälern des 15. u. 16. Jahrh. beabsichtigt M. Herrmann.

[2]) Einige handschriftlich im Heidelberger Universitäts-Archiv befindliche Schriften Piccolominis nennt J. Fr. Hautz, Gesch. der Univers. Heidelberg. Bd. I. Mannheim 1862 p. 309 Anm. 37. — Seine glaubwürdigen Lebensbeschreibungen berühmter Zeitgenossen (De viris illustribus) sind abgedruckt: Pii II. . . . Orationes politicae et ecclesiasticae ed. J. D. Mansi. Pars III. Lucae 1759 p. 144—213 und Bibliothek des liter. Vereins in Stuttgart. I. Stuttgart 1843 Nr. 3. Eine dtsch. Uebersetzung seines 1450 für den jungen König Ladislaus von Ungarn u. Böhmen verfassten Traktates über die Erziehung der Kinder veröffentlichte P. Galliker (Bibliothek der kath. Pädagogik II. Freiburg i. B. 1889.)

ab, beauftragen aber die stets durstige Kupplerin Canthara, ihnen die beiden wiederzuzuführen, als sie ihre lebhaften Klagen um den Verlust der Liebhaber zufällig belauscht haben (Creizenach I, p. 564—568). — Der erbauliche Schluss lautet:

> — — Vosque jam valete et plaudite,
> Spectatores optimi! Quid sibi fabula
> Hec nunc velit, scitis. Nam virtutibus
> Insudandum est; Sint procul meretrices,
> Lenones, parasiti, convivia.
> Virtus omnibus rebus praestat. Nichil
> Illi deest quam penes est virtus viro.

23. Antonius Buzarius (Barzicius).

Auch das Stück dieses sonst unbekannten Dichters[1]), der vielleicht Student in Bologna gewesen,

Cauteraria — ca. 1450

ist noch ungedruckt. — Handschriften:
a) Antho. buzarij cauteraria comedia (Fürstl. Bibl. zu Maihingen, Cod. lat. 103 fol. 142—154).
Geschrieben vom Magister Ambrosius Alantsee[2]) zwischen 1459 u. 1473.
b) Anthonii Barzicii Cauteraria Comedia ... [A. E.:] Finit Cauteriaria [sic!] Comedia foeliciter Anthoni buzarij. Georgius Schilher de Geiselhering[3]). (H. B. Wien, Cod. 3123 fol. 108—129).
c) Anthonii Barzray cauteraria Comedia (St. Gallen, Stadtbibl. Hs. B. 5).[4])

Komödie in 5 Akten (Prosa), dem Terenz nachgeahmt.

---

[1]) Vgl. J. M. Wagner im Anzeiger für Kunde der dtsch. Vorzeit. N. F. Bd. 26. Nürnberg 1879 sp. 15 f. — Peipor p. 132 meint, dass man aus dem Inhalt auf Antonius Panormita (i. e, Antonio degli Beccadelli, 1394—1471), der 1425 seinen über Gebühr geschmähten „Hermaphroditus" vollendet, als Verfasser schliessen könnte.

[2]) Wohl identisch mit Ambrosius Alentsonius, Prior domus horti Christi et Visitator Provinciae Alemaniae inferioris († 1506).

[3]) s. oben p. 40. Anm. 1.

[4]) s. G. Scherer, St. Gallische Handschriften. St. Gallen 1859 p. 36.

Inhalt: Scintilla, die Gattin des alten Brachus, liebt den Priester Auleardus. Trotzdem sie anfangs den argwöhnischen Ehemann von ihrer Unschuld, die auch das von des Brachus Diener Graculus verhörte Gesinde bekräftigt, zu überzeugen weiss, wird sie schliesslich doch der Untreue überführt und — ebenso wie ihre Helfershelferin, die Magd Salamina — von dem wütenden Gatten mit einem Brenneisen (cauterium) gebrandmarkt. Der mit zwei Freunden zum Schutze der Geliebten herbeieilende Auleardus züchtigt Herrn und Diener; als er aber auch das Brenneisen an Brachus probieren will, gelobt dieser immer grösseres Lösegeld, will sogar des Auleardus Sklave werden und sein Weib ihm überlassen. Auf Scintilla's Bitten unterbleibt nunmehr die grausame Strafe, und ein festliches Mahl vereint die Versöhnten. Nähere Angaben machen Scheps i. Anzeiger f. die Kunde der dtsch. Vorzeit. N. F. Bd. 25. Nürnberg 1878 sp. 161—164 und Creizenach I, p. 559 f.

24. Gian Michele Alberto Carrara (1438—1490).[1])

Carrara, 1438 in Bergamo geboren, erhielt seinen ersten Unterricht durch seinen Vater, den Arzt und Philosophen Guido. Ein grosser Freund der Poesie, lernte er schon mit 12 Jahren den Vergil auswendig, las Silius Italicus, Ovid, Lucan etc., und dichtete sogar in seinen Knabenjahren eine Komödie in Choliamben, die er Francesco Filelfo[2]), dem Hauptvertreter der griechischen Gelehrsamkeit in Italien, widmete. Vermutlich 1453 begab er sich zum Studium der Philosophie und Medizin nach Padua, wo er sich in beiden Fakultäten den Doktorgrad erwarb und eine Pivatlehranstalt

---

[1]) Ueber ihn s. A. Suardi, Vita di G. M. A. Carrara. Bergamo 1784; Tiraboschi XIV, p. 905—911; B. Vaerini, Carrara G. M. Alberto (Archivio Veneto. Tom. XI. Venezia 1876 p. 102—123).

[2]) Studierte das Griechische um 1420 in Constantinopel bei seinem späteren Schwiegervater Johannes Chrysoloras, dem Schüler und Neffen Manuel's. — Vgl. oben p. 26, Anm. 1.

errichtete. Um der Pest zu entfliehen nach Bergamo gegangen, wurde er hier von derselben befallen, kehrte aber nach seiner Genesung zur Fortsetzung seines medizinischen und philosophischen Unterrichts wieder nach Padua zurück. Erst nach dem Tode seines Vaters († 9. Jan. 1457) liess er sich als Arzt in Bergamo nieder und heiratete zuerst Margerita Proposulo, später, als er nach vier Jahren diese und kurz darauf auch seine beiden Kinder durch den Tod verloren, — zwischen 1468 und 1470 — Elisabetta Commenduna, die ihm vier Söhne schenkte, von denen zwei (Annibale und Giovanni) den Beruf ihres Vaters ergriffen. Nochmals Witwer geworden, suchte er sein Glück in der Fremde und praktizierte in Chiari, Stezano, Rovato und Brusia oder Bussia mit solchem Erfolge, dass er den Neid seiner Kollegen erregte. Nachdem er auch noch am 14. Februar 1488 von Kaiser Friedrich III. den Titel eines Pfalzgrafen erhalten, starb er am 26. Oktober 1490 in seiner Vaterstadt Bergamo.

Admiranda. — c. 1456.

Das nach Tiraboschi (XV, p. 1171) einst in Bergamo vorhandene Manuskript ist jetzt verschollen (Creizenach I, p. 564). Den Schluss bildeten die Didaskalie „Admiranda Acta ludis Megalensibus Calisto III. Sacerdote Maximo, Federico IV. Caesare [1]), Francisco Fuscaro [nicht Foscareno] Venetorum Duce, Benedicto Vecturio et Leonardo Contareno, Patavii Praetoribus", nach der das Stück zwischen 1455 und 1457 aufgeführt sein muss[2]), und das Epigramm

Est genitor Michael Lombardis saltibus usus,
   Edere grandiloquo carmina pulchra pede,
Nomen et Admiranda est. Franciscus et Occa recensor,
   Est Domus Anthenor quam posuit profugus.[3])

---

[1]) Gewöhnlich ohne Mitrechnung Friedrich des Schönen († 1330) Friedrich III. genannt.

[2]) Calixt III. wurde erst am 8. April 1455 zum Papst gewählt, der Doge Fr. Foscari aber, den der Rat der Zehn bereits am 25. Oktober 1457 unter dem Vorwande der Altersschwäche seines Amtes entsetzt hatte, starb am 1. November 1457.

[3]) Vaerini l. c. p. 122.

25. Comoedia facta in practica lecturae universitatis Paduae.¹) — ca. 1460.

Abgedruckt:
a) von R. Peiper (1874) p. 136—139.
b) von J. Bolte in der Zeitschrift f. vergl. Litteraturgesch. und Renaiss.-Litt. N. F. I. Berlin 1887/8. p. 79—84.

Satirische Komödie in Prosa, schwerlich zur Aufführung bestimmt.

Inhalt: Die Studenten sollen einen von der Universität besoldeten Lektor wählen. Diesen Posten hatte früher der Nürnberger Patriziersohn Pirckheimer [wohl Johannes P.²), † 1501, der Vater des berühmten Wilibald P.] bekleidet; jetzt bemühte sich ein jüngerer Freund desselben, Jacobus, die Stelle zu erhalten. Erst am Tage vor der Wahl hört dieser durch Rudolfus und Glockengisser von den Umtrieben eines Nebenbuhlers, des älteren Schulmeisters Konrad Schütz, der nicht gleich den andern ein geborener Nürnberger, sondern der Sohn eines zugewanderten Kartenmalers ist und um seiner Unwissenheit und seines unzuverlässigen und tückischen Charakters willen sich keiner sonderlichen Achtung bei seinen Genossen erfreut. Auf Pirckheimer's Rat versucht Jacobus seinen Gegner auf gütliche Weise zum freiwilligen Rücktritt von der Bewerbung zu bewegen. Da dieser Versuch jedoch vergeblich bleibt, trennen sich beide nach einem erregten Zwiegespräche: Schütz nicht ohne Besorgnis über den Ausgang der Wahl, weil er weder unter den Deutschen noch unter den Italienern wirkliche Freunde besitzt,

---

¹) Nach Peiper p. 133 ein direktes Beweisstück dafür, „dass der litterarische Verkehr mit Italien, der Aufenthalt Deutscher auf den dortigen Universitäten zur Verpflanzung auch dieses Zweiges der Poetik nach Deutschland beigetragen hat", was u. a. auch durch die von Eyb in seiner Margarita poetica gebrachten Auszüge (s. Nr. 11, 14 u. 16) ausser Frage gestellt wird.

²) Dieser ist am 2. August 1465 zu Padua Doktor beider Rechte geworden (G. A. Will, Nürnberger Gelehrten-Lexicon. Th. III. Nürnberg u. Altdorf 1757 p. 182).

aber mit dem Vorsatze, vorläufig bei seiner Geliebten Rosabella seine Sorgen zu vergessen, Jacobus voller Zuversicht auf seinen Sieg, in der ihn Pirckheimer bestärkt (Bolte, l. c. p. 78).

26. Laudivio de' Nobili.[1])

Laudivio, auch L. Zacchia genannt, gehörte der Familie de' Nobili an und war aus Vezzano in der Landschaft Lunigiana gebürtig. Mehrfach – u. a. auf verschiedenen seiner gedruckten Werke, die Neri (l. c. p. 147 ff.) verzeichnet – wird er „Eques Hierosolymitanus" genannt, einmal auch als Freund und Günstling des Papstes Nikolaus V. erwähnt.

Am Hofe zu Ferrara scheint er geweilt zu haben, als er schrieb

De captivitate ducis Jacobi. — 1465.[2])

Abgedruckt: Laudivii Vezanensis[3]), ad illustrissimum principem Divum Borsium Estensem Ferrariae Marchionem et Mutinae Regiique ducem, de captivitate ducis Jacobi Tragoedia (Giornale ligustico etc. Anno XI. Genova 1884 pag. 111—132).

> Herausgegeben von Carlo Braggio nach Cod. VI. A 37 der Bibl. Estense zu Modena.

Tragödie in 5 Akten (jamb. Verse) mit Chören, ohne Einteilung in Scenen.

Inhalt: Akt I. Der König Borsius (Herzog Borso d'Este) freut sich über den beendeten Krieg und lobt die Tapferkeit des Jacobus (Condottiere Jacopo Piccinino)[4]), dem er den

---

[1]) Ueber ihn s. Tiraboschi XV, p. 1173 f.; A. Neri, Lettera di Laudivio da Vezzano sulla caduta di Caffa (Giornale ligustico etc. Anno II, Genova 1875 pag. 137—153).

[2]) Vgl. C. Braggio, Una tragedia inedita del risorgimento (Giornale ligustico etc. XI, 1884, pag. 50—76).

[3]) Nicht Veranensis, wie bei Sc. Maffei, Verona illustrata. Parte II. Verona 1731 sp. 105.

[4]) Heiratete am 13. August 1464 Drusiana, die natürliche Tochter des Herzogs Francesco Sforza von Mailand, begab sich Ende April 1464 trotz des Abratens seines Freundes Borso nach Neapel, wurde hier am 24. Juni

Frieden verdankt. Ein Priester, der in seinem Auftrage das Orakel befragt, berichtet ihm über Wunderzeichen, die des Jacobus Tod bedeuten und nach den Worten des Chors wohl zu beachten sind. Akt II. Ein Augur teilt die Befürchtungen des Priesters. Der Chor singt des Jacobus Lob, ein Bote verkündet dessen Heirat mit Drusiana. Akt III. Ein Abgesandter des Jacobus meldet dem König Ferantus (König Ferdinand von Neapel) dessen Ankunft und erhält einen ehrenvollen Empfang zugesichert. Der Chor preist Drusiana. Akt IV. König Ferantus erwägt mit einem Trabanten (Satellex), was mit Jacobus geschehen solle, und billigt schliesslich seinen Tod. Der eingekerkerte Jacobus ahnt sein Geschick und überliefert sich mutig dem Henker. Der Chor trauert mit Drusiana über die Gefangennahme. Akt V. Ein Bote überbringt dem Borsius die Nachricht von des Jacobus Verhaftung, die beide beklagen. Der Chor erörtert die Unbeständigkeit des Glücks, nur „Unica virtus aeterna manet". Vgl. Napoli-Signorelli III, p. 52—54; Chassang p. 143 f.; Neri l. c. p. 141 f. u. 152 f.; Braggio l. c. p. 66—76; d'Ancona II, p. 19—21.

27. Pietro Domizio.[1])

Domizio, der Sohn des „Domenico di maestro Antonio di Domizio", war in Florenz geboren. 1472 empfahl ihn sein Landesherr Lorenzo de' Medici als Lehrer nach Pistoja, doch kann er hier höchstens kurze Zeit geblieben sein, da wir ihn von 1476—1479 als Kleriker an der Kirche Santa Maria del Fiore zu Florenz und Erzieher bei Bernardino Buongirolami antreffen. Später unterrichtete er in Ferrara, wo 1494 auch seine in jambischen Versen gedichtete und

---

1465 gefangen genommen und am 12. Juli desselben Jahres hingerichtet. Vgl. J. Fr. le Bret, Allg. Welthistorie. Teil 45. Halle 1784 p. 322 f.; C. Canetta, La morte del conte Jacomo Piccinino (Archivio storico Lombardo. Anno IX. Milano 1882 p. 252—288).

[1]) Ueber ihn s. Tiraboschi XV, p. 1196 und J. del Lungo, Di altre recitazioni di commedia latine in Firenze nel secol XV (Archivio storico italiano. Ser. III. Tom. 23. Firenze 1876 p. 170—175).

dem Herzog Ercole I. d'Este gewidmete lateinische Tragödie „Conversio S. Augustini"[1]) vor dem Augustiner-Convent aufgeführt wurde. 1504 wurde er zum „praeceptor gramaticae" in Prato erwählt, das er nachweislich nicht vor 1513 verliess. Wie so viele humanistische Priester besass auch er mehrere Pfründen und geistliche Würden: er war „Canonico fiesolano, Rettore perpetuo di San Leonardo in Arcetri, Priore di Santa Trinità in Prato, Cappellano perpetuo della Capellania di San Girolamo in Santa Felicità di Firenze". Im J. 1515, in dem er sich von seinen in Prato eingegangenen Verpflichtungen — einem am 27. April 1507 gegründeten Stipendium für einen jungen Mediziner und den 1511 übernommenen Unterhaltungskosten für einige Augustinerinnen an St. Trinità — zu befreien suchte, war er als „praeceptor gramaticae" wieder in Pistoja. Die von ihm selbst verfasste Komödie

Lucinia — 1476

ist noch nicht wieder aufgefunden. Sie wurde zuerst von Domizio's Schülern im August 1476, wahrscheinlich in der Kirche d'Ognissanti zu Florenz, 1478 ebendaselbst, und nochmals 1479 im Palaste Lorenzo's de' Medici aufgeführt. — Vgl. del Lungo l. c., d'Ancona II, p. 64.

28. Lollius et Theodericus. — 1478.

Abgedruckt von J. Bolte in der Vierteljahrsschrift für Kultur u. Litteratur der Renaissance. Jahrg. I. Leipzig 1886 p. 485 f.

Nach einer Londoner Handschrift (Brit. Mus., Add. msc. 27569).
— Einige Abweichungen des Cod. lat. 589 (fol. 17 b) der Hof-Bibl. München verzeichnet H. Holstein in d. Zeitschr. f. vergl. Litteraturgesch. N. F. Bd. 5. Berlin 1892 p. 391.

Dialog in Prosa (45 Zeilen), 1478[2]) in Heidelberg entstanden. — Inhalt: Der junge Ehemann Theodericus schildert seinem Freunde Lollius eine Reihe von Ereignissen, die seiner Heirat folgten.[3])

---

[1]) Msc. in der Estensischen Bibliothek. Vgl. Tiraboschi XV, p. 1196; Chassang p. 144; d'Ancona II, p. 64 Anm. 2.

[2]) Nicht erst 1480, wie wir früher angenommen.

[3]) Parallelen zu diesem Dialoge teilen J. Bolte (Zeitschr. f. vergl.

29. Comoedia Bilae. — 1478.

Abgedruckt von

a) J. Bolte: Hermes. Zeitschrift für klass. Phil. Bd. 21. Berlin 1886 pag. 316—318.[1])

b) H. Holstein: Zeitschrift für vergl. Litteraturgesch. N. F. Bd. 5. Berlin 1892 pag. 392—395.
  Mit Angabe der Abweichungen von Bolte's Text und unter Hinzufügung einiger Glossen.

Ein ebenfalls 1478 in Heidelberg entstandener Dialog in Prosa, den Bolte auf eine Anekdote des Peripatetiker Phainias von Eresos zurückführt.[2])

Inhalt: Während der Hausherr Aristancus und dessen Diener Bila gerade Fische verzehren, sehen sie einen fahrenden Schüler oder Gaukler (Episcopus) herankommen. Bila, der nicht gern zu kurz kommen will, bewegt den Aristancus, die Schüssel mit den grossen Fischen zu verstecken. Der Fremde hat dies jedoch bemerkt und denkt List mit List zu vergelten. Nachdem er sich mit edler Unbefangenheit zu Gaste geladen, führt er mit den ihm vorgesetzten kleinen Fischen ein Zwiegespräch über den Tod seines Vaters. Als der Wirt sich neugierig nach der Antwort der Fische erkundigt, sagt er, dieselben hätten ihn an ihre unter der Bank versteckten Eltern verwiesen, die sich der Sache besser erinnern könnten, und lachend giebt der Wirt diese preis (Bolte l. c. p. 313).

Der erste selbständige dramatische Versuch nach gelehrt antikem Zuschnitte, der einen profanen Gegenstand in der

---

Litteraturgesch. etc. Bd. I. Berlin 1887/8 p. 375 f. u. Bd. IV, 1891, p. 103 ff.) und R. Schlösser (ibid. Bd. IX, 1896, p. 235 f.) mit.

[1]) Unter dem Titel: Comedia Bile. Comicum scriptum de gesticulatoribus et eorum qui victum queritant diversis cum iocis (H. B. Wien. Cod. 3123 fol. 129 b). — Vgl. oben pag. 40 Anm. 1.

[2]) Vgl. O. Crusius (Hermes. Bd. 25, 1889, p. 469—471).

Volkssprache[1]) behandelte, war des Angelo Poliziano[2]) Spiel „Orfeo", das 1471 am Hofe der Gonzaga zu Mantua aufgeführt wurde[3]). Mit diesem Jahre hätte deshalb auch unsere Arbeit den berechtigsten Abschluss gefunden; da wir aber unsere vor drei Jahren erschienene Zusammenstellung lateinischer Dramen[4]) mit Wimpheling's Stylpho, dem ältesten bisher nachgewiesenen Humanistendrama Deutschlands (1480), eröffnet haben, sind die drei zwischen 1471 und 1480 entstandenen lateinischen Stücke (Nr. 27—29), von denen zwei allerdings nur sog. Dialoge sind, hier noch hinzugefügt worden. Auch die beiden verloren gegangenen, ziemlich gleichzeitigen[5]) lateinischen Tragödien „De passione redemptoris Christi"[6]) des Tommaso da Prato aus Treviso und des Bernardino Campagna aus Verona lassen sich vielleicht auf die antiken Vorbilder[7]) zurückführen.

[1]) Unter den geistlichen Dramen — die sich seit dem Anfange des 10. Jahrhunderts aus dem Gottesdienste heraus entwickelt haben — sind rein volkssprachliche bereits im 12. Jahrhundert, solche mit volkssprachlichen Bestandteilen sogar schon aus dessen erster Hälfte nachgewiesen. Vgl. Creizenach I, p. 108 ff.

[2]) Eigentlich Angelo Ambrogini, geb. am 14. Juli 1454 zu Montepulciano (Mons Pulcianus, daher der Beiname Poliziano), seit 1480 Professor der griechischen und römischen Litteratur zu Florenz, als solcher gest. am 24. September 1494. — Ueber ihn s. u. a. S. F. W. Hoffmann, Angelo Poliziano's Lebensbild (Lebensbilder berühmter Humanisten, Leipzig 1837 p. 71—198); Gaspary II, p. 218—238; Rösler p. 248—257.

[3]) Gaspary II, p. 213 f.; d'Ancona II, p. 2 f. u. 349 ff.

[4]) P. Bahlmann, Die lat. Dramen von Wimphelings Stylpho bis zur Mitte des 16. Jahrh. Münster 1893.

[5]) Campagna's Tragödie ist Sixtus IV. (1471—1484) gewidmet und wohl noch bei Lebzeiten des Kardinals Pietro Riario († 5. Jan. 1474), eines Neffen jenes Papstes, entstanden.

[6]) s. Sc. Maffei, Verona illustrata. Parte II. Verona 1731 sp. 105 f.; Tiraboschi XV, p. 1175 f.; Chassang p. 131; d'Ancona II, p. 66.

[7]) Die getreuesten Nachahmer des römischen Vorbildes mussten selbstredend die Ergänzer der verstümmelt überlieferten Stücke des Plautus (s. Creizenach I, p. 574—580) sein, zu denen auch Antonio Beccadelli (1394 —1471), Antonio Urceo gen. Codrus (1446—1500) und Ermolao Barbaro (1454—1493) gehören sollen.

Chronologische Übersicht.

Entstehungs-Jahr	Ort	Titel[1])	Verfasser	№
1314	Padua	Tr. Ecerinis	A. Mussato	1
1330	Avignon	*C. Philologia	Fr. Petrarca	2
c 1350	Avignon (?)	Columpnarium	?	3
1377	Perugia	D. de casu Caesenae	Lodovico da Fabriano	4
1387	Pavia	*Tr. Scaliger Tyrannus	G. Manzini	5
1389	Florenz	Tr. Achilleis	A. de' Loschi	6
c 1390	Florenz	C. Paulus	P. P. Vergerio	7
c 1395	Florenz	C. Poliscena	L. Bruni	8
c 1400	Padua	Lusus ebriorum [2])	S. Polentone	9
c 1420	Mailand	*C. Aphrodisia	P. C. Decembrio	10
1424	Bologna	C. Philodoxios	L. B. Alberti	11
1427	Pavia	C. Janus	?	12
1428	Mantua	Tr. Progne	Gr. Corraro	13
c 1432	Pavia	C. Philogenia	Ug. Pisani	14a
1435	Pavia	Confabulatio coquinaria	Ug. Pisani	14b
c 1435	Krakau	*C. ?	Gregor v. Sanok	15
1437	Pavia	C. de falso hypocrita	Mercurius Rantius	16
c 1440	Pavia	D. Canichiolus	?	17
	Pavia (?)	D. Avorieta	?	18
1441	Florenz	Tr. Hiempsal	L. Dati	19
c 1443	Bologna (?)	C. Fraudiphila	A. Tridentone	20
1444	Ferrara	D. Isis	Fr. Ariosto	21
1444	Nürnberg	C. Chrisis	E. S. de' Piccolomini	22
c 1450[3])	Bologna	C. Cauteraria	Ant. Buzarius	23
1456	Padua	*C. Admiranda	G. M. A. Carrara	24
c 1460	Padua	D. in practica lecturae Univ. Paduae [4])	?	25
1465	Ferrara	Tr. de captivitate D. Jacobi	Laudivio de' Nobili	26
1476	Florenz	*C. Licinia	P. Domizio	27
1478	Heidelberg	D. Lollius et Theodericus [4])	?	28
1478	Heidelberg	D. Bila [4])	?	29

[1]) C. = Comoedia; D. = Dialogus; Tr. = Tragoedia. — Den nicht bekannt gewordenen Stücken ist ein * vorgesetzt.
[2]) Nur in ital. Uebersetzung erhalten.
[3]) Ueber Reynier (Regnier) de Wael's epische Dichtung aus d. Jahre 1447 s. P. Bahlmann (Centralbl. für Bibl.-Wes. X, 1893, pag. 469) und Creizenach I, pag. 43.
[4]) Deutschen Ursprungs.

Personen-Register.

Aus neuerer Zeit sind nur die Herausgeber und Übersetzer verzeichnet.

Acqua-Giusti, A. dall', 10.
Aeneas Sylvius s. Pius II.
Alantsee, Ambrosius, 47.
Alberti, Leon Battista, 27. 41.
Alfonso I, K. v. Neapel, 25. 33.
Ambrogini, Angelo, s. Poliziano.
Amodei, Battista degli, 26.
Aretino, Carlo, s. Marsuppini.
„ , Leonardo, s. Bruni.
Ariosto, Francesco, 44.
„ , Lodovico, 44.

Badover, Giacomo, 24.
Balbi, F., 10.
Barbaro, Ermolao, 55.
Bartolomeo de Regno 14.
Barzicius s. Buzarius.
Beccadelli, Antonio degli, 33. 47. 55.
Bendixen, J., 5.
Boccaccio, Giovanni, 39. 43.
Bolte, J., 50. 53. 54.
Bonucci, A., 29.
Bossi, Caterina, 26.
Bracciolini s. Poggio.
Braggio, Carlo, 51.
Bruni, Leonardo, 20.
Buonaccorsi, Filippo, 37.
Buongirolami, Bernardino, 52.
Buzarius (Barzicius?), Antonius, 47.

Calixtus III, Papst, 25. 46. 49.
Callimachus s. Buonaccorsi.
Camogli, Battistina, 26.
Campagna, Bernardino, 55.
Capelli, Melchiorre de', 14.
„ , Pasquino de', 14. 16.

Carrara, Annibale, 49.
„ , Gian Michele Alberto, 48.
„ , Giovanni, 49.
„ , Guido, 48. 49.
Carrara, Francesco II da, 18. 23.
„ , Marsilio da, 9.
Castellano 11.
Castiglione, Giannotto, 32.
Celtes, Konrad, 5.
Chrysoloras, Joannes, 48.
„ , Manuel, 18. 20. 48.
Clemens VII, Gegenpapst, s. Robert
. von Genf.
Codrus s. Urceo.
Colonna, Giovanni, 12.
„ , Giovanni di S. Vito, 13.
Commenduna, Elisabetta, 49.
Condolmieri, Francesco, 41.
Contarini, Leonardo, 49.
Conversino, Giovanni di, 17. 23.
Cornazzano, Antonio, 43.
Corraro, Antonio, 30. 31.
„ , Gregorio, 30.

Dati, Leonardo, 28. 40.
Decembrio, Angelo, 33.
„ , Pier Candido, 25. 33.
„ , Uberto, 25.
Domenichi, Lodovico, 32.
Dominici, Giovanni, 8.
Domizio, Antonio, 52.
„ , Domenico, 52.
„ , Pietro, 52.

Este, Borso d', 26. 44. 51.
„ , Ercole I d', 26. 53.

Este, Lionello d', 26. 29. 33. 36. 44.
„ , Niccolò III d', 33.
Eugen IV, Papst, 16. 27 f. 29. 30.
31. 37. 41.
Eyb, Albrecht von, 29. 34. 35. 38.
39. 50.

Fernando I, K. v. Neapel, 25. 52.
Filelfo, Francesco, 26. 48.
Foscari, Francesco, 49.
Friedrich der Schöne, deutscher
Kaiser, 49.
Friedrich III, deutscher Kaiser, 26.
45. 49.

Gambacorti, Benedetto de', 15.
Giovanni da Ravenna s. Conversino.
Glaser, Martin, 35.
Gonzaga, 26. 55.
Gori, G., 14.
Graevius (Gräve), J. G., 10.
Gregor XII, Papst, 16. 18. 30.
Gregor von Sanok 37.
Guarino Veronese 44.
Guizzardo 11.

Hätzlerin, Klara, 44.
Heerkens, G. N., 31.
Heinrich VII, deutscher Kaiser, 10.
Holstein, H., 53. 54.
Horaz 6.
Hrotsvitha 5. 6.
Hunyadi, Joh., 37.

Innocenz VII, Papst, 18. 20.
Johann XXIII, Papst, 20.
Juvenal 37.

Ladislaus V, K. v. Ungarn, 46.
Lafontaine, J. de, 44.
Langbein, A. F. E., 44.
Laudivius Vezanensis s. Nobili.
Laura (de Sade?) 12.
Lepidus 28.
Livius, T., 24.
Livius Andronicus 3.

Lodovico (de' Romani) da Fabriano 13.
Loschi, Antonio, 11. 15.
Lovato de' Lovati 4. 11.
Lucan 48.
Lupatus s. Lovato de' Lovati.

Manucci, Aldo, 28.
Manzini della Motta, Giovanni, 14.
Marsuppini, Carlo, 20. 29. 40.
Martin V, Papst, 30.
Medici, Cosimo de', 27.
„ , Lorenzo de', 27. 52.
Melanchthon, Philipp, 22.
Mercantini, L., 10.
Merula, Giorgio, 3.
Minoia, M., 10.
Motta s. Manzini.
Muratori, L. A., 10.
Mussato, Albertino, 9. 16. 24.
„ , Gualpertino, 9.
„ , Vitaliano, 9.

Niccoli, Niccolò de', 40.
Nicomaco 42.
Nikolaus V, Papst, 25. 28. 41. 51.
Nobili, Laudivio de', 51.
Notker Labeo 5.

Occa, Francesco, 49.
Orsini, Giordano, 5. 40.
Ovid 6. 32. 48.

Panormita, Antonio, s. Beccadelli.
Paul II, Papst, 26. 28. 31. 41.
Pauli, Joh., 35.
Peiper, R., 50.
Persii, Ascanio, 28.
Petrarca, Francesco, 12. 14. 20.
Phainias Eresus, 52.
Piccinino, Drusiana, 51. 52.
„ , Giacomo, 52.
„ , Jacopo, 51 f.
Piccolomini, E. S. do', s. Pius II.
Piltz, O., 5.
Pirckheimer, Johannes, 50.

Pirckheimer, Wilibald, 50.
Pisani, Ugolino, 33.
Pius II, Papst, 33. 42. 45.
Plautus 3. 4. 5. 6. 34. 35. 37. 55.
Poggio, Gianfrancesco, 20.
Polentone, Sicco, 23
„ , Modesto, 24.
Poliziano, Angelo, 6. 28. 55.
Pomponio Leto 6.
Prato, Tommaso da, 55.
Proposulo, Margerita, 49.

Rambaldoni s. Vittorino.
Ranzio (Rantius) Mercurino 30. 38.
Riario, Pietro, 55.
Ricci, Giovanni, 31.
Robert von Genf, Kardinal, 60.
Romano, Adelaide da, 11.
„ , Alberigo da, 11.
„ , Ezzelino da, 11.
Roncius s. Ranzio.
Rosenblüt, Hans, 44.

Sachs, Hans, 43.
Salutati, Coluccio, 14. 15. 20.
Sanok s. Gregor.
Scala, Cangrande della, 9. 11.
„ , Antonio della, 14. 15.
Schedel, Hartmann, 34. 38.
Schilher, Georg, 40. 47.
Schio, G. da, 16.
Schütz, Konrad, 50.
Seneca 4. 5. 6. 11. 16. 32. 35.
Sforza, Drusiana, s. Piccinino.
„ , Francesco, 25. 51.
„ , Galeazzo Maria, 26.

Sigismund, dtsch. Kaiser, 18. 31. 33.
Silius Italicus 48.
Sixtus IV, Papst, 55.
Sozomenus s. Zomino.
Sozzini (Sosinus), Mariano de', 46.

Terenz 4. 5. 6. 19. 29. 47.
Traversari, Ambrogio, 40.
Tridentone, Antonio, 24. 42.

Urceo, Antonio, 55.

Valla, Lorenzo, 33.
Varga, Francesco, 31.
Vecturius, Benedictus, 49.
Vegio, Maffeo, 17.
Vergerio, Pier Paolo I, 17. 46.
„ , „ „ II, 17.
Vergil 6. 37.
Villani, Niccolò, 10. 16.
Visconti, Caterina, 16.
„ , Filippo-Maria, 25.
„ , Giangaleazzo, 14. 15. 16.
Vitéz, Johann, 37.
Vittorino da Feltre 30.

Waldis, Burkhard, 44.
Wimpheling, Jakob, 55.
Wladislaw III, K. v. Polen, 37.

Zabarella, Francesco, 17. 18.
Zambeccari, Cambio, 26.
Zomino da Pistoja 40.